U0921121

水车上的江南

徐　颖　著

古吴轩出版社

乡亲的嘱咐（代序）

乡亲相告：村要拆迁，不复存在。你常作文，何不写写村中事村里人，以文纪之。余连连称诺。于是，夜读《史记》，叩拜太史公，学其笔法，先写村事，继写村民，再写村俗，后写村外。计三十六篇。

生我养我的村，在长江之南，谓之江阴。江阴有一座山也叫黄山，不以风景秀丽而著名，以险峻扼长江之咽，以“黄山炮台”而闻达。今日江阴长江大桥，一桥飞架南北，与苏通大桥相望。我们那个村就在黄山之南十里、大桥之东七里。村子里有我孩童、少年、青年时的身影，河里摸过鱼捉过虾，田里插过秧割过稻，躺在田岸上唱《双推磨》，与父老乡亲相濡以沫二十年。在苏州四十年，乡音未改，乡情未断。

六十年，村子里的人一代一代，村子里的事千千万万。说什么？记什么？村子里有政治经济学，土地上有十万个为什么。土改怎么看，地主富农怎么看，互助合作怎么看，联产承包怎么看，精耕细作怎么看，双季稻怎么看，交公粮卖余粮怎么看，“剪刀差”怎么看，村民选举怎么看，村长会计怎么看，赤脚医生怎么看，苏南农村商品经济什么时候占主导地位，统购统销下的交换是不是商品经济，苏南离土离乡和乡村工业最早从什么时候开始，“剪刀差”剪掉了多少农民的血和汗，为什么城市反哺农村是天经地义，为什么苏州农民对联产承包不很热情，为什么土改和联产承包解决的是同一个问题，强烈的离农倾向利弊何在，城市化是内化、外化还是内外一起化……小村里有答案，土地上有思考。

因此，村事说的也是国事，从土改到联产承包，从扫盲到拆县府城墙。村民记了村官，还有地主富农和佃农长工，各式人等以甲乙丙丁相代，统以列传称之。村俗村风民风也，冬吃腌菜夏吃酱，年糕团子长衫炒米糖，斯俗已去，忆中甜甜。村外有镇有学校，村路进县城，通大江，通四海。

一个村的一个甲子，主要说的是前三十年，前三十年又是前十年。前十年是农村六十年中探索最活跃、变化最多的时期。有道是，时间校正认识。今天的改革开放，不是从天上掉下来了的，是在前人探索实践基础上，形成和开始的。可以看到，今天的许多改革，是前三十年探索的继续。对于前三十年，无论成功的，无论失败的，无论幼稚的，无论今天看来是好笑的，都是弥足珍贵的。

余少事农三年，切肤农民的艰辛；苏南苏北二次“社教”，深知农村基层干部的不易；工作之后常跑农村，深感农村发展的艰巨。对农民，对基层干部，对农村合作事业的探索者，任何时候都应受到尊重。若有错，大都不是他们的错。现代化有他们打的基础。他们是共和国的有功之臣。孔夫子可以不拜，为共和国没有饿死而流血流汗的农民要拜。

这不是正规的村史，有叙有议，还称随笔，随心命笔。随村民之心，听乡亲之命。全凭记忆，还有道听途说，勿以正史责之。错谬之处，张冠李戴，在所难免。

消逝不可违逆，多少可以留住。留在记忆里，留在记载中。消逝的是形，留住的是神。村事在报刊上发表时曾用名《消逝的江南》，集子出版更名为《水车上的江南》。

2010年10月5日

目　录

村　民

村　俗

村　外

村事

大桥下面的那块土地

土地承受一切，也记录一切。土地录进了江南六十年的变迁。一粒土壤，一个水分子，就是一个昨天，预示着一个明天。

要问我的家，我会说，不在姑苏城里，苏州城里的家，那是候鸟的迁徙地。我的家在江阴农村。出江阴东门十里，从长江边黄山炮台向南拉一条直线，相交处就是我的家。前几年，站在江阴长江大桥的南端引桥上，可以看到那黑的瓦白的墙。

那个村叫北湖埭，中间有个大水塘，塘西叫北湖西埭，塘东叫北湖东埭。北湖是什么意思，不清楚。新中国成立前后的通信地址，叫江阴东门外蒲鞋桥北湖东埭，蒲鞋桥是个集镇；后来叫江阴县要塞公社新华大队；再后来叫江阴市要塞镇新华村。向南一二十里，翻过一座山，就是大名鼎鼎的华西村。

实际中的村，有几种概念，最大的是行政村，新华村就是行政村，由四五个自然村组成；其次是自然村，一个一个村落，有大有小，北湖东埭就是自然村；最小的是生产队，后来叫村民小组，农民口中的“我们村上”，这个村实际上是生产队。生产队是农民活动的天地，几十年内是经济核算单位，是农村最基本的细胞，同样是一个政经合一的组织。我跟着村民，我所说的“我们村”，也是说的生产队。一个村的半个世纪，实际是一个生产队的半个世纪。

江阴的村子密集，都很大，一字长条里把长，有一二百户人家。

村与村之间，仅相距一二里。村前村后是农田、水塘、渠道。我们那个村中间有一条小河通进长江，也有潮起潮落，河水是浑的，塘水是清的。河岸塘边有几棵青丝飘飘的杨柳树。

我们那个村几乎都姓徐。徐家的祖宗徐僖公是明朝兵部尚书，有家谱记载，我在《中国名人大辞典》里找到了徐僖公，江阴城东南岐山脚下有他很大的墓，还有石人石马和高大的祠堂。村上留有楼房遗址和养马的厩房。20世纪50年代，我看到一箱的家谱，可惜“文革”中被我母亲烧掉了。徐僖公的墓，文管部门作了保护性挖掘，没有得到什么有价值的东西。

江阴人多田少，全县人均在一亩半左右。我们那村，就是生产队，三十来户人家，一百来个人口，有水田一百三四十亩。每户占的地相差不很大，多则十来亩，少则一二亩，无田的佃农几乎没有。为何如此平均，可能与人多地少有关，都是活命田，出卖的人家极少，有钱有势的人家也几乎没有，形成了土地兼并的真空状态。我家祖上的田，经几次分割，到我父亲名下已只有水田二亩半、旱田三分，到新中国成立时人均不足一亩地。

我家和别人家共有的水地叫十亩地，我家的田在中间，长长的一条，耕种很不方便。父亲早逝，留下的印象，只有水桶上农具上“徐宝余记”几个挺工整的字儿，还有阁楼上的几捆发黄了的书。我和我母亲、哥哥，就守着这三亩地度日。田靠我哥哥种，农忙时在山观的舅家来帮种，我六七岁时也下地了。一年两次收成，一稻一麦，丰年可以吃饱，灾年就要去买山芋充饥。一个挥不去的印记，山芋吃怕了，肚里老胀气。羡慕村上田多人家，麦收后还吃白米饭，而我家三餐麦粉粥，隔天中午吃顿麦片饭。麦粉要手推磨出来，我五六岁就推磨，锡剧《双推磨》多好听，推呀拉呀转儿的，推磨难挨呀，人和磨盘差不多高，拉过来推过去，小脑子里经常想，什么时候不推磨。

我们村那一百多亩地，地形地貌，新中国成立之后几十年间并无多大变化。要说有变化在50年代中期，原来有一个大的土堆，有半亩地大，说是太平天国时“长毛”（太平军）被清兵杀了堆葬而成的，是不是曾国藩的功劳不清楚；还有一个十来亩的小岗丘，上面有茔地，有旱地。我们那里几乎家家织布，棉花要到苏北去买，我母亲年轻时也去买，早出晚归，有时来回要两天。傍晚，我和我哥哥就立在岗丘最高处，等我母亲挑着棉花从北边路上出现。太平军的墓和小岗丘，平整土地时平掉了，成了平镜似的水稻田。

土地与农民的关系就是农村生产关系。六十年间，与江南农村每个村子一样，我们村的地经历了三次大的变迁。这就是：土改、合作化公社化、家庭联产承包。一次二次，我在农村都经历了；第三次，也看到了。三次变迁，地没有多大变化，却是农民命运六十年历史的关节点，几乎是一个甲子的“三农”的全部，什么叫农村生产关系的调整，三次变迁就是调整的全部。我所经历的、看到的、所认识到的，与听到的、文件中看到的，有同有不同。

六十年后，怎样看江南农村的那次土改？在我看来，象征意义大于实际意义。新中国成立时，江南土地兼并状况如何，不大清楚。从我们村和周围的村来看，土地兼并并不严重，户与户之间大体平均。一个行政村三四百户，仅一个地主一个富农，其余全是中农和贫下中农，中农的比例也不高。地主家有地四十亩，富农家有地三十亩，这个地主这个富农都种地，雇佣的长工都是季节工，并无《半夜鸡叫》里“周扒皮”那样的劣迹，严格来讲，他们不是地主不是富农，开斗争会农民恨不大起来。不过，农民还是热烈欢迎土改，分地时可以称之为兴高采烈。这是我在六十年中，仅看到的一次农村集体大欢乐。那时土地金贵呀，土地就是生命。

记得，我们村上，不到三分之一的人家分到了地，户均水田不足一亩，最多分进二三亩地。我家分到半亩地。那天，村民早早下了地，一二百号人立在方框似的田岸上。村干部在地里丈地，报一户分一户。村干部很照顾我们兄弟俩，把靠近田岸的地分给我家，田头还有一棵半围粗的大杨树。隔年，我哥哥锯了这棵树，卖了给我交学费。多年之后，在江阴南菁中学读高中做作文，我写了那次目睹的土改。有个细节，一个打长工的老农，站在分到的地里，弯腰两手捧了一把黑黝黝的土，放到鼻子下，闻着闻着，两眼流下了泪。老师在下面加了一长条的圈。农民耕者有其田，中国历史上几千年没有做到，共产党领导的土地革命做到了，这次土改做到了。

周立波有部影响很大叫做《山乡巨变》的长篇小说，写农村合作社的，是写土改的《暴风骤雨》的后续，姐妹篇。读大学时，喜爱周立波和孙犁的文字，两次进出书店，倾口袋所有，狠心买了《山乡巨变》。看了有个感觉，那是文学作品，不是实际，起码不是我在江阴农村亲身经历的实际。农民是真心诚意举双手欢迎加入互助组和合作社的，几乎没有一点怀疑，根本没有一丁点二心，没有周立波笔下那样尖锐的矛盾冲突，也没有地富反坏的破坏。干部说，大家互助起来你帮我我帮你人多力量大；农民说好，我出牛你出犁，今天种你家的田明天种我家的地，农民纯朴得像塘里能见底的水。没有尝到吧，单个儿割麦坌田的孤单冷清与无助，拿农民的话说，多厌气。合起来几十号人一起下田，男男女女，说说笑笑，嘻嘻哈哈，你追我赶，不一会儿太阳就中午了西斜了，这就是农民合作化最初的快乐。

农民相信，互助组到初级合作社是发展，初级社到高级合作社是进步，合作社到人民公社是跑步进入共产主义。其实，农民没有看到，那生产粮食的土地没有变，还是那一亩三分地，人均占地不是多了而是一年一年少了。公社化不过是改了一个名，代替了乡取代了镇。合作化不能一笔抹杀，水利的完善、种子的改良、产量的提高，是三大功绩。亩产万斤的“跃进”，诸如围湖填河的折腾，希望双季稻多产百斤千斤粮，这一切与出了力流了汗流了泪，还饿死了人的农民无关，是指挥棒挥舞出来的。合作永远需要，合作无错，错在剥夺了土改后农民得到的自主权。

又一次丈量土地，又一次分地到户。至20世纪80年代初，农村普遍实行家庭联产承包制。我们那个村也很快实行了。应该说，联产承包是新中国成立三十年后，农民又得到了对土地的经营自主权，回到了土改后的起点。其间，经历了一次赋予—剥夺—再赋予的过程。这个三十年，这个过程，有很多名义，很多道理，其实，就是五个字：剥夺与赋予。

大学毕业后我来到了苏州，在中共苏州市委办公室工作，地市合并后负责了解农村情况。1984年麦收时节，奉市委秘书长之命在吴县的一个乡住下来，调查土地承包后的情况。我依稀有个感觉，对家庭联产承包，苏州地区不像其他地区那样看得重，有点推而不得已而行之的味道，所谓大势所趋不得不趋。这个味道，很快得到了印证。我所碰到的村干部，大多不怎么积极，向我讲了一堆矛盾和问题。

他们的意见不无道理。他们认为，江南土地少，人均更少，分到户几亩地，东一块西一条，难以规划种植，使不上大型农具，不利推进农业现代化。同样是耕者有其田，自主权还给农民，农民并没有像土改时那样兴高采烈。根本原因是，三十年后，苏州农村正在发生重大变化，农村劳力正在分流，乡镇工业正在发展起来，农民生活对土地的依赖正在减弱，只要有口粮田，承包地多一点少一点已是无所谓，对一些农户土地成了一种累赘、一种负担。必须承认的现实，利益与利益观的觉醒，改变了农民与土地的关系，从生死恋到若即若离。是利还是弊，还是有利有弊，或许都包含其中。

需求永远是推动变革的基本动因。要求改变土地过于分散而适当集中的情况，很快冒了出来。1985年初的苏州农村干部会议简报，刊载了昆山县陆杨乡土地向种田能手集中的情况，引起领导高度关注。会后，我参加了几个部门组成的调查组，到昆山调查。写《昆山之路》的杨守松也参加了。半月后，一份调查报告出来了，得到了市委领导的肯定，并报省委和中央有关部门。这份调查报告表明了一个意向，要发展现代农业，提高农业劳动生产率，土地作为最主要的生产资料，要进行流动，要有规模，种田要有知识和技术。土地使用经营自主权的赋予，并不能自然使农村、农业走上现代化。

我曾想过，要是不把土地按户分掉，还是集中在一起，农民得股份，成立股份制的专业合作社，土地既不分散，农民又有自主权，又能通向市场，该多好。但在当时，并不现实，在我们中国的政治经济学里，经济是连着政治的，当一种做法一种模式被认可普遍推广，这就成了必讲的政治，必然一刀切。

土地的这三次变化，土地本身变化并不大，田还是田，河还是河，塘还是塘，冬种麦，夏种稻，年年如此，变的是政治经济学里说的生产关系，劳动者与土地的关系。

对我们那个村来说，土地起了实质性变化的应是第四次：土地被征用，改变了土地的用途，也由此改变了农民的命运。他们与我一样，不再叫农民，叫市民。我“脱帽”在四十年前，他们在四十年后。我们村的土地被征用不算早，到2007年才被征用掉。要塞镇其实无镇，与江阴市的澄江镇连在一起，早就进了江阴市经济开发区的版图。一年一年开发，也就是一步一步蚕食土地和村庄。（农民是怎样看的，是赞成还是不赞成，另章述说。）

得知确实消息，我回到了生我养我的那片土地。也许处境不一样，我在城市，生活无虞，望着就要消失的村庄，依恋那地那塘那水那树的心情，油然而生。从此之后，孩童、少年时的梦，大半个世纪的快乐与忧伤，割不断扯不尽的思乡之情，回想回味再无依托，钢筋、水泥、石板不能再生一点乡思乡情乡恋了。巨龙般的长江大桥横卧在我家乡的身旁，给我一种感觉，城市化、现代化不容商量。

几次车子经过江阴长江大桥，我透过车窗向东张望，心里总有一句话，大桥下面是我的家。还冒出一个企求，在夷平村庄时，村头的树不要砍掉，村后的塘不要填掉。

塘水里的自然与平均

江南水乡，水是生命，一切系于水。水里有农民的欢乐，也有泪水。水又是生产资料，水里有生产关系，有世代留下来的分配。

江阴北面，有水，有河，有塘，不能与吴江吴县相比，少大河大塘，没有几百亩水面的湖泊，好像是土地的附属和点缀。或许正因为是附属，它更多体现了江南自然经济的特征。

我们那个自然村，叫北湖埭，按字面看，村在水中央，有点像。村东村南村中村后有四个水塘。村前那个塘是无名氏，另三个塘各有名字，叫东泾斗、西泾斗、北泾斗，究竟是“斗”还是“兜”，还是别的什么字，没有搞清楚，可能是吴方言中“兜起来”的“兜”，水湾水兜。

村南的塘小，两三亩地大，另外三个有十来亩地大，都是椭圆形的。我们那个生产队，水面最多，村中的一个，两个生产队共有，村前村后两个独有。这不是谁分配的，历史遗留下来的。后来成为生产资料，水面地面，都属生产队，一个队的村民所共有。新中国成立后的六十年，许许多多变了，这点始终没有变。

村中和村后那两个水塘，是我们村百十号人的生命之源。人畜、庄稼都靠它们供水。农家少有的几次集体大欢乐，分鱼、采菱、村宴，孩童的欢乐，游水、抓虾、捉蟹，都与水塘有关。

那时，农村没有自来水，村中有口井，水有咸味（很可能最早江阴地下是海，地冲积而成，还留有盐的成分），冬天用来洗衣洗菜，几乎不食用。家家都有一两口大水缸，可放五六担水。清早，男人用大水桶去挑水，把屋里的水缸挑满，两三天挑一次。塘水通大河通长江，河水有潮涨潮落，塘水始终是清的，真叫清凌凌的水。一夜沉淀后，塘里早晨的水更清，不用放明矾也能喝。直到现在，我总感到那水是甜的。

村前村后两个塘，队里一百几十亩地，都由它兄弟俩来灌溉。江南多水多雨，多数年份，两只水塘够人畜庄稼喝了，可也有干旱之年，也有赤地千里，滴水似油的年份。有的人家秧插了，有的人家还是麦地，稻田要灌水，麦田翻耕也要灌地，都要车水。一个河塘围着四五部水车，天不亮就车水，河塘里的水就剩下一个锅底。这时，抢水就不可避免，先是在塘底挖沟把水引过来，接着，不准别人引水动起手来，儿时的我就亲眼见到一村的人相互械斗。我们那个村，村东与村西不和，大都是因抢水而结下的。

有的年份，还有一出戏，全村老少，顶着烈日，抬了泥菩萨，向老天求雨。我也参与过。前面一人举旗，一人敲锣，两人抬泥菩萨，后面跟着村民，还有小孩。在村前村后转圈子。大家眼巴巴地望着晴空，祈求来一个响雷，雨哗哗地下。偶尔老天显灵，真的下了一场透雨，干裂的地上冒气泡，村民们磕头，谢天谢地。多数是老天不理不睬，眼睁睁地看着禾苗枯死。

水塘，对小孩，则是欢乐，江南孩童特有的水趣。游泳，这是城里人的概念，农村小孩叫洗河浴，少叫游水。从割麦开始，到十月初，下水三四个月。农村小孩都是无师自通，喝几口水打几个猛子，一个夏天就学会游泳了。六月六黄狗洗冷浴，水还凉，就跳进河里了。每个大热天的傍晚，都有十来个小孩在塘里嬉闹，一会儿打水仗，一会儿扎猛子比谁扎得长，有机灵鬼，钻出水面换了气再沉进水里，总是他赢。小孩赤身露体无碍，姑娘、老年妇女在河边洗衣，两手捣衣，两眼笑眯眯看着小孩嬉水。农村的一幅夏夜图。

夏天，在河塘里摸鱼捉虾，那是家常便饭。塘水深，最深处有三四米，不易捉到鱼，我们常到小河里去捉。常用的手法，把塘里的鱼往小河里赶，然后两头打个土坝，瓮中捉鳖，成坝中捉鱼。每次都有斩获，少则两三斤，多则十来斤，有次一条大青鱼被赶了进河，我们大呼大叫抓鱼，一起把它逮住了。虾在塘边沿岸捉，夏天虾常在塘边草丛里，蟹洞里也有虾，大多是捉捉玩的，捉了生的就吃掉了。

村中的那个塘两队共有，不养鱼，不种菱，村民谓之“野河”，隔几年将水戽干，捉到的鱼，两队平分。我们村后的塘，新中国成立之后年年种菱养鱼，可以称之大锅饭里的责任制。开始菱种要到外地买，大约是吴县和无锡乡下，那里菱多，品种叫馄饨菱，不种两角的乌菱。不知什么道理，菱在河泥里发芽叶子漂上水面后，还要一棵一棵带菱角拔出来，几十棵集中在一起再种到河里。一个原因，重种之后，长出的菱叶占的水面较均等，不致稀的稀密的密。种菱在六月，水还凉，我也种过，一两个小时上岸，直哆嗦，嘴唇也发紫了。那时的种菱仍有肉，因要供应茎叶营养，发生了变化，菱肉鲜嫩无比。这样的味儿，只有种菱的人才能尝到。

秋天采菱，一周一次，一次五六户轮着采。采菱都是十来岁的姑娘和小伙，少有中老年人。清早，一人一只菱盆一只小凳，从石条上下塘。一手抓石条，一脚进盆，坐上凳子，手一推，进河了。由东向西，五六只菱盆一字排开，盆后一条条水道，说笑声叽喳声漂在水面。不用客气，采的第一只菱，剥了先送进自己口里，一嘴脆嫩，一嘴甜水。五六个人从清早采到傍晚，一人采百来斤。一次一户分十来斤，嫩的生吃，老的煮了吃。分菱了，全村老的少的手提一只篮，早早立在塘边上，看着一筐一筐的菱往岸上运。祖宗留下的规矩，分菱不分人多人少，也不按劳力多少，采菱的也不多分，每户绝对平均。已不在村里生活进城的人家也有得分。我有一位堂兄在江阴城里，每次分到菱后，我都急急送菱进城。这大概可以称为自然经济时的“共产主义”。其含义，有点类似云南泸沽湖的“走婚”。

塘里养的鱼，大多是鲢鱼，白鲢花鲢都有，也有青鱼草鱼，鳊鲫鱼不养，都是野生。冬天靠近过年，一两年、两三年一次把塘水用水车戽干，既捉鱼，又清塘，河泥用来压麦。一塘的水，两部水车要车三天，到第三天的下午，水只存一个锅底了，鱼儿蹦呀跳呀集中到塘底。这时，全村的老老少少，围在池塘边看捉鱼。每捉到十来斤重的大花鲢、一二十斤的大青鱼，就呼喊起来。鱼摊在田里，一家一份一堆鱼，鲫鱼鳊鱼草鱼青鱼大小鱼种搭配，写上号码抓阄取鱼，是好是差从无纠纷。农民世代相传的公开与公平。

捉鱼分两次，先捉“公鱼”，公鱼捉过后捉“野鱼”，谁捉到归谁。只听队长说一声“不捉了”，岸上等候多时的男男女女老老少少，捋起裤管袖管背上篓子蜂拥而下，两手伸进泥水里摸鱼。黑鱼（乌鱼）常躲进烂泥里，碰到它会蹿出来，这时大家就去抢。有一次，我抓住了一条黑鱼的头，使劲用力一拉，从几个人的手里抢到了一条三四斤重的大黑鱼，大叫这条黑鱼是我的。傍晚，家家烧鱼吃，全村弥漫着鱼香。

这样分菱分鱼的方式，持续了很多年。到20世纪70年代，劳力才参加分鱼，户一份，劳力一份。80年代后期，塘承包给一户养鱼，不再有分菱分鱼了。

水车与队里的最后一条耕牛

工具与人，具体一点，工具与劳动者的结合，就形成了生产力。农家工具的变化，锄头、镰刀，抽水机、拖拉机，记录了江南农村生产能力的大与小、高与低，农民的智与力。

江南农村，农具有多少种，各地不一样，怕难说清楚。坌田翻地，有钉耙锄头；割稻割麦，都用镰刀，有半月形的，有弯月形的；浇水挑粪，有水桶有粪桶；挑猪灰草肥，用畚箕；挑稻谷盛麦子，用箩筐；还有罱河泥的罱具与水泥船，还有戽水用的水车，还有木板上装有一排一排铁钉用来耘耥稻田的耥具……

什么叫农耕经济，书本、学者、经济学有规范的说法，若从农具来识别判断，20世纪50年代前后，我所看到的，不少我用过的，留下印记的，那镰刀、锄头，那水车、耥具，就是农耕经济的标志。打铁制造铁器，破竹制成盛器，还没有与钢铁机械、蒸汽动力、电力连在一起。所以，农具前面有个农，与耕连在一起，就成了农耕经济，是手工经济，用农具耕作的经济。

我六七岁时就下地，在一个小孩眼里，生产工具绝没有生产能力、生产水平标志的概念。论农具，农村小孩接触最早的，就要算镰刀了。在农具家族中，它可能是元老级的，有了铁器就有了，怕有两三千年了。何谓镰刀，留给我的印记，一半是玩具兼小赌具的快乐，一半是弯腰曲背割稻割麦刻在身上的酸痛。

上学前后，农村小孩都要去割猪草羊草。用不到娘说，书包一扔，一把镰刀一只大篮，就上河边田岸岗丘上割草。割了半个一个小时，四五个小孩碰到一起就玩起了镰刀，用镰刀在湿地上掷，镰刀翻了几个筋斗，或直立或斜插或躺在泥上，不同的形状得不同的分，分多分少比高低比输赢。有时比比玩玩，多数有输赢，篮里的青草就是赌资，一把一次。输光了的，再去割；赢了的，就回家。我有个好朋友，我娘叫狗屎朋友，他赢了，我输了，常分一半给我。我篮里的草总是满的，很少受到我娘的责怪。“你又去赌了，就割了这几根草，叫羊饿肚皮”，这样责骂，在昏暗里在油灯光里，不是从这家就是从那家传出，几乎都是娘的声音。

夏割麦，秋割稻，镰刀一年两次上阵，派两次大用场。割麦割稻，不算最重的农活，但累人，都要弯腰曲背。所谓面朝黄土背朝天，割麦割稻最贴切的了。割麦，右手握镰刀柄，左手抓麦秸秆，不像北方抓一把割一把，左手反手一片一片割，放下来一大堆。麦有芒，刺人，一不当心，就会刺到脸上脖子上，胸口敞开，麦芒也会刺进去。不是很疼，难受。一天下来，脸上脖子上胸口密密麻麻都是红的小点，多的地方连成一片。一流汗，又痒又疼。割麦，割一把放下，可以直一下腰；割稻，像插秧一样，几乎不直腰，割一把六棵，六个“嚓嚓嚓”，放下，又是一把，六个“嚓嚓嚓”，一行割到头。慢一点，后面的人逼着你，不停地往前割。上半天还劲头十足，到了傍晚，想直腰也直不了了，每割一行就倒在田岸上，自叫四脚朝天。

在几十种农具中，最具智力的，当推水车。说有智力，运用了机械传动，利用水性，靠水斗汲水。中国制造水车，东汉时已有正式记载。东汉末年，灵帝命毕岚造“翻车”，已有轮轴槽板等基本装置。到了唐宋时代，水车在轮轴应用方面有很大进步，能用水力作动力。到了元明时代，一架水车不仅有一组齿轮的，有的多至三组，还有了转轴、竖轮、卧轮等发展。可是，元明之后，水车的发展便停步不前了。水车，记录了中国农业技术的发展与停滞。新中国成立前后江南农村的水车，便是停滞的延续。

水车属大型农具，不是家家都有，一个村有四五架。水车与家族有关，我们村姓徐的有好几架，一个祖父传下来的近亲的合在一起共置一架水车。可能是，每家置一架水车用不到，而置办的费用又相当高。我们族中的水车就放在我家，农闲时用绳吊在梁下。我们村上的水车，可能还是较为原始的，由转动的轴、戽水的斗和供人扶撑的杠组成。戽水的斗，连在一起，上下一条，由有木齿的轴踩了传动，将河中的水戽进田里。别的地方，有用风力传动的，我们那儿没有见到。比较多的，牛作动力，增加一个木制的圆形的传动部分，由牛拉着转动带动水车。

一架水车，六个人踩，人撑在木杠上，两个脚板用力踩四个转动的木柱，没有多少技术，一两个小时就学会了。水车像条龙，称水龙，水龙头下水哗哗地流。车水从早到晚，人在一个木柱上走来走去，一天下来，初车水的，脚板肿得像馒头，立到地上疼得直叫娘。有点趣儿，六个人用力踩，车轴转得飞快，脚下踩得慢的跟不上，只好两脚腾空吊在杠上，啊啊直叫。江阴女人不下地，多数时候，车水的老少，都是赤身露体，一丝不挂。女人经过，能避开尽量避开，从别的路走，实在避不开，早就低了头，看着田岸朝前走。年轻妇女出村都撑把洋伞（黑布伞），一来遮阳，二来遮羞。车水的若无其事，调皮的还哼小曲儿，还打趣：邻村的阿妹你是不是到我家去。家里女的送茶水来，远远放在田头，由车水的去取。

与水车有关，还有件热闹了一下的事儿。初级合作社时，我们村上有六个与我年龄相仿的“半劳力”，小学毕业后齐刷刷务农。也可称做当时农村的舆论一律，小学毕业，就是博士读完了，要么去上海无锡学生意，要么在家里种田，没有好商量，男孩不上学不行，小学毕业可以了。合作社劳力各人有底分，从对折5分，到全劳力10分，也有因技术差打8分9分的。我们这些半劳力都是5分，第二年加了2分，到了7分；第三年，加到8分。应该说，这样打分，还是合理的，基本上同工同酬。农活，有技术活，有粗活，技术活轻，粗活凭体力。我们这些“半劳力”常干粗活，挑猪灰，挑河泥，撒猪灰，翻草塘，几乎肩挑的脏的都是“半劳力”干，种了三年田秧也不会插。

在农村，插一手好秧快秧，是一种骄傲，被人看得起。我们向队长提出来，要插秧。队长说，还是去挑猪灰。我们六个“半劳力”就罢工不干。队长就用水车压我们，说：你们扛得起水车就插秧。水车一根轴要二百来斤，戽水的车身三四米长也要两三百斤。我们就动脑子，水车在河岸上，把水车连轴带车身推到河里边，靠浮力搬水车。水车装好了，队长没有话说，只好让“半劳力”插秧。这件事被当做一件新闻在合作社传开。社长批评了队长，要支持小年轻学农活长技术。今天来看，还可以上报纸，技术也是生产力。谁阻拦学技术，谁就得挨批评。

20世纪50年代，是江南农村水利建设的黄金时期。年年冬天修水利，农民深知水利是命脉。我们村上东边开了一条直通长江有二三十米宽的大河，村中筑了一条渠道，村民叫电力灌溉，村西挖了一条小河，一头通两个塘，一头通大河连接长江。从此，干旱水涝基本消除，堪称旱涝保收。有了电力灌溉，用了一千多年的水车从此退出。在江南，今天只有旅游景点才能看到它的身影。

农耕之耕，多半说的是牛，牛耕田。一个老农，一头牛，一部犁，加一条鞭子，典型的农耕图，农耕经济的标志。生产力，有个力，是说生产的能力，是技术与作用力的结合。力从何来？农村有风力水力，在不能用风力水力的时候，就只有人力和畜力，这畜力就是牛力。论耕田平田戽水碾米，牛力超过了人力。农家贵牛，情理之中，有情有理。牛如人，人如牛。

江南有黄牛有水牛，多半是水牛，水多之处的牛。我们村上，牛不多，同时养的就一两头。田多的人家养牛，田少的人家借牛，付“租”费。合作社时，有年份一个老农养，有年份挨户轮流养。我放过牛，没养过牛。黄牛老欺负人，一见生人小孩，头低下就往前冲，用角抵人。老农说，牛绳上装根竹管，牛来抵人，竹管往泥里插，牛头朝下就抵不了人。一试真灵，几次下来，牛就乖乖看着你。水牛老实，任你骑在牛背上，一个小孩两个小孩都可以，坐在牛头上，牛抬起头让你爬到牛背上去。耕田平田，戽水，碾米，牛的三大任务。50年代初，江南农村碾米，还是用牛拉石做的碾子碾米。牛遮上眼，架上架子，拉着碾子，碾子滚过稻谷，去壳成米。牛不停地在磨道里转呀转呀，走了十万八千里，还在那个磨道里。

新中国成立以后，我们村上有牛的时间不算长，十年光景。有了手扶拖拉机，耕牛就退役了。江南的农耕图也就消失了，尤其是在江阴、苏南一带。我们村最后一条耕牛，是水牛，买时年轻力壮，几年过后已是老牛，有十多岁了。至今还有印象，买来时，全村的老少围着它看，像看新娘子，它昂起了头，一点也不害羞。似乎全身都是力，耕田不用鞭抽，鞭一扬，一声吆喝，就直往前奔。有时下地，先撒尿拉屎，把犁的老农总要数落几句，真是懒牛尿屎多。老了，身上的毛脱了，皮不再发光发亮，厚茧子似的，力也衰了，力不从心了，耕地慢拖拖，一脚一脚往前挪，半亩地下来，呼哧呼哧直吐气。大热天，不耕地，村头大树下，头仰着，嘴里嚼着草，一躺就是一天。

有一年冬天，村上传话，这头牛不中用了，有了拖拉机了，又卖不掉，要把它杀了，全村分牛肉。果然，临近春节，老牛杀了，每户分到两三斤牛肉。许多村民都说，牛从厩里牵出来，眼泪汪汪。我娘说，我不吃牛肉，你们兄弟吃。是的，我娘从不吃牛肉和田鸡肉，家里不准杀田鸡。牛杀了，好长一个时候，村子里像少了什么。

江南的一块千年勋章

无论是耕作制度，还是耕作技术，都是一种文化，世世代代相传，百年千年积淀。这个积淀的核心，应是农民的辛劳与智慧。

六十年间，江南耕作制度、耕作技术的变化，是这样也不全是这样，一些年份，不少时候，披上了一层厚厚的意识形态。江南农业有个美称，或者叫赞誉，谓之精耕细作。像是一块千年的勋章，挂在江南的上空。江南与其他地方农业优劣的区分，也在这儿。或粗放，或精耕细作。现在怎样来看精耕细作，实在有点雾里看花。

20世纪的80年代，有一天，村上人来苏州城里看我，找工业原料，推销工业产品，而不是六七十年代上城开后门买化肥买柴油。我说，现在正是田间管理忙的时候，你们怎么朝城里跑？他们说，大哥你不知道，如今种田不是从前了，秧一插，就等收割了。我说，这样行吗？他们说，以前一千斤，现在也是一千斤。

与江南的许多地方一样，苏南两熟制，一熟麦，一熟稻。从翻地下麦种到割麦，从做秧田布谷到割稻，其间各有多少工序，要做多少农活，各地不一样，也难说清楚，各有一二十道，只少不多。就拿种麦来说，翻地之前要下基肥，挑猪灰，撒猪灰，翻地，做畦，撒种，碎土，挖沟，排水，拍麦，施河泥，河泥要从河里罱上来，干了要敲碎，撒在麦上，麦返青了还要再施肥，有粪肥，后来施化肥，削麦，就是松土，在没有麦苗的地方，连带除草——这时麦还没有长高，到割麦还有不少要干的活儿。

白居易说，田家少闲月，五月人倍忙。忙在哪里，白居易并不知道。他只说了农妇肩上背着孩子，左手拎箩筐，右手拾遗穗。白居易呀，江南五六十年代的农民才真是忙哪，一年忙到头，天天鸡叫做到鬼叫。我们这些"半劳力"多么希望老天爷下大雨，休息半天几个小时，在一起说说白相相。可是，即使下大雨，也是生产队里开大会。常常是雨没有停，队长的哨子响了。

江南历来称鱼米之乡，富庶之地。所谓富庶，多数人家尚可温饱而已。50年代，稻麦产量不算高，稻产五六百斤，麦产一二百斤。60年代，有句流行语，叫做"手中有粮，心中不慌"，是高层说的，是一种共识。粮是食，是百姓，慌是国家，是政治。政治种田，种政治田，多半来源于此。60年代前后的饥饿，太深刻了，烙在了那个时代，刻在每一个人的心上。直到今天，四十年后，我们同学相聚，说到大学里留下最深的印象是什么，我不假思索，说肚子饿。在苏北搞社教，住在一户贫农家里，一日三餐麦粉粥，稀得可照出脸儿，三四碗下肚，半个小时就空了，咕咕直叫。什么时候吃顿饱饭，就会喊乌拉（我们读俄语）。多打粮食，增产增收，就成了那时"三农"的一切，所有工作的出发点和归结点。为了多打一点粮食，农民、农村干部可谓动足脑筋，只要能增产，什么都干。

时代的变迁，往往表现在流行语上。那时的流行语，与今日决然不同，常写在墙上。一类是"阶级斗争，一抓就灵"，一类是"庄稼一枝花，全靠肥当家"。农民深知肥料的重要，可以归之为农家肥的，从人畜的排泄物，到河泥到杂草到秸秆，点点滴滴，都惜之珍之。我们村上几乎每个人家都有一只有竹架子的畚箕，加上一把小锄，是用来拾狗粪的。现在城里小街小巷，一不注意，脚下就踩到狗粪，连骂养狗没有狗德。那时农民看到一堆狗粪，犹如见到了一个宝贝，是一阵喜悦。粪臭，人人皆知。一条船进江阴城运粪，人坐在船头，或躺在船尾，从不知其臭。有个老农赶牛，在路上牛拉屎，老农两手捧了牛粪，放到自己的田里。这在农村，绝非笑话，父母常用这个故事教育孩子，惜肥如惜金。有个时候，说下脚泥能肥田，家家户户就去削。下脚泥，就是屋里灶下间堂间的表层的泥，脚下踩的土，把它削下来，交给生产队里去肥田。一家人家能削多少，但家家户户都削了。可见，50年代中期江南农村积肥积到何等程度。

罱河泥，现在农村也几乎见不到了。本来，每到冬春，常会看到农民一条水泥船一把两根长竹竿做成的抓斗，在河里塘里抓黑乎乎的稀泥。去年，苏州城里的内河里，却看到了农民工在罱河泥，成了一个新闻，乡下不罱河泥城里罱河泥。城里罱河泥不是为了肥田，为了清治河水。罱河泥，今日已有定论，它可是一举多得。种麦，可以成追肥，浇在麦上；种稻，与稻草、苜蓿、红花草拌了成为基肥。那时，每块田头都有一只两三米见方深二米的灰潭，就是用来发酵制草泥灰的。河泥成肥，改善土质，清理淤泥，不致河床抬高，不会成为“富水”（富营养）。有位农业专家著文，从太湖蓝藻成因说起，为何20世纪五六十年代江南河湖少发不发蓝藻，罱河泥是一大功劳。

不能忘却，不能轻描淡写，农民为了多打粮，作了艰辛的努力，耕作技术有了不少改进，有的可以称之为发明创造。农民种田专家陈永康，就是一个杰出的代表。那时，我十五六岁，也知道有个会种水稻的农民叫陈永康，感觉中的知名度，不亚于今日知道育种专家袁隆平。从百度查陈永康，他在成千上万个陈永康中位列第一，在他之下有许多科学家、将军、当官的，可见，今日传媒还是多么尊重这位农民专家。

条目中说，陈永康（1907~1985），乳名友生，江苏松江（今属上海市）人。13岁下田干活，40年代摸索出“一穗传”水稻选种方法，创亩产500公斤纪录。1951年，首创全国单季晚稻亩产716.5公斤，被评为华东和全国水稻丰产模范，并推广他的水稻丰产经验。1952年3月，获中央人民政府授予“农业爱国丰产模范”的奖状；中央文化部电影局和上海科技制片厂还实地拍摄他的丰产经验。1957年11月，在苏州召开的全国水稻丰产科学技术交流会上，推介了他多年摸索总结出来的水稻“三黑三黄”看苗诊断的系统经验，会后被聘为中国农科院作物育种研究所特约研究员，培育的水稻良种“老来青”被全国22个省市及15个国家引种。他先后担任了江苏省农科院副院长和其他职务。

陈永康的水稻种植经验还在用吗？不得而知。可能，有用也不多了。是技术的此一时彼一时，还是别的什么？有一点是清楚的，以前种田，劳力、用工、用时不计少计在成本之内，只要增加产量不在乎多用工。现在不行了，农民有了成本概念，打工一小时可得十块钱，不会去田里十个小时得一块钱。时代的进步，农民的进步？贴切一点，商品经济不可抗拒的选择，农民觉悟的选择，利益决定的选择。

许多农活是老祖宗传下来的，为什么要这么做说不清，只是应该这么做。字典里有不少代表农活的字儿，耒字偏旁的。耒者农具也，加一个声符或象形的符号，成了一种农活，如耕、耙、耘、耥。在我的印象里，许许多多的农活，最怕的是耘稻了。所谓耘稻，就是在稻田里扒地。稻长到小半身高，就要耘稻。人弯下去，在稻的行距间，两手十个指头像梳子梳泥，把泥翻松，把杂草埋到泥里去。两手扒泥，脚往后退，边耘边退，耘一行长的要半个小时。耘稻的时候正是大热天，中午田间要40℃，田里的水发烫。什么叫热得像在蒸笼里似的，田间耘稻就像在蒸笼里。怕中暑，耘稻也放在下午三四点钟以后。耘稻还有两怕，怕稻叶刺脸刺眼，怕密密麻麻的小虱子把你包围起来。除了清除杂草，耘稻有什么作用，真不知道。还有耥稻，与手工耘稻差不多，但用力大，又是用铁钉耙地，深得多。这两道农活，至迟20世纪70年代末在苏南就消失了，耘耥永远离开田间躺在字典里了。

深翻与密植，它们也都蒙上了尘埃。粮田一般一年翻两次土，麦下种之前，秧插下之前。人工翻地，牛耕犁田，尺把深。不知何地刮风，深翻能增产，一推广，各地都深翻，掘地三尺。土有生熟之分，表层谓之熟土，一尺之下就是生土，庄稼长在熟土上。生土熟土，土壤颗粒结构所含养分，各有不同，生土不利稻麦生长。不增产反而减产，深翻很快停止了。庄稼棵与棵之间稀密有度，才能茁壮成长。也不知谁刮的风，密植能增产，各地又推广密植。我们那里，秧插得稀，密一点能增产；过密了，透风、养分不够，分蘖少，也不能多打粮。农民说，偷鸡不成反蚀把米，稻种浪费了。不久，在村干部的嘴里，密植前面加了两个字，叫合理密植。这类似于科学发展，先讲发展，后来发展前面加了科学两字，合理密植可以称之科学发展的前身。

苏南气候适宜稻麦两熟，这是千年种植历史形成的。两熟改三熟，种双季稻，可谓江南种植制度的大改革。有一个背景，想多打粮，困难时期肚子饿怕了，叫做出发点是好的。但是，总体不适宜，尤其江南苏南的北部，老天爷扭不过，不听你的话。早稻产量可以保证，生长期短，米质不好；晚稻，气候凉了，长得又矮又稀，稻谷也不饱满，一亩地两三百斤、三四百斤。农民说，三三得九，不如二五得十。可能，毕竟多产一点粮，苏南种植双季稻延续了一段时间。种双季稻，也是不计成本，不讲辛劳，多打几颗粮也是汗水换来的。两季之间，收早稻种晚稻，正是最热的天，衣服整天都是像从水里捞出来的。粮价不动，种粮成本提高，劳动强度增强，工分贬值，那时经济学家不能讲话，要能讲，肯定会说，这才是新中国成立后对农民的剥削。后来，《人民日报》开展一场讨论，苏南种双季稻合算不合算。可是，没有问问农民愿不愿种双季稻，农民的付出与收益合算不合算。一联产承包，苏南北部双季稻无影无踪了。农民说了不。

想过一个问题吗，违反科学的密植、深翻、种双季稻，发生在六十年的中间一段，在合作化公社化的时候，而两头没有。一个根本原因，单干时，互助组时，联产承包时，农民有权接受不接受。五六十年代农村也刮过不少风，风能刮得起来，一刮就成大风，原因也在这儿，行政力量加意识形态。所以，新中国成立三四十年后，把种田的权还给农民，也是个必然。

有时到农村走走，很少看到农民在田间劳作，也早就听不到精耕细作了。这不免生出几许惆怅，去掉不该有的含义，精耕细作毕竟是江南一块千年勋章。

一条大河通长江

“水利是农业的命脉”，20世纪五六十年代，最响亮的口号之一，与“阶级斗争一抓就灵”、“庄稼一枝花，全靠肥当家”，三位一体，那个时代的政治经济学。

江南多水，自然多湖多河，许多村庄沿河而建，也是家家尽枕河。我们那个村，有点不同，包括周围的村，有塘，少河，依塘而耕而居。村西村北有两条小河，把两个塘连起来，与江阴城河相接。村北二里许，有一条大一点的河，江阴东乡水路要道。

可以讲，这也是老天的“三三制”，20世纪50年代，三年涝，三年旱，三年风调雨顺，不只是我们那个村，江南许多地方都是这样。那时的水利相当薄弱，小旱问题不大，大旱大水，只能听天由命。

麦怕水，江南冬春也多雨水，麦田水排不出去，常出现水渍，烂麦根。麦收，称小熟，产量很低，一二百斤。曾风行一时的六七十年代的张家港（沙洲县）塘桥小麦高产经验，实际就是治水治渍，降低麦田水位。

稻喜水，一般年景不缺水，大多两个时候缺水，先是插秧时，十天半月不下雨，家家抢塘里那一点水。早插的人家，劳力多的人家，田又沿塘的人家，可以多得水；迟插的人家，水又要经过别人家的田的人家，无水灌田，只能干着急。还有稻抽穗时，半月一月不下雨，塘水见底，稻田龟裂，叶子枯黄，稻穗伸出个头，就再也伸不出来。

具体哪一年，记不得了，长江下游发大水，连续几天几夜下大雨，大水从天上倒下来，倾盆倾缸倾太湖，绝不比1993年苏州那场大水小。稻田一片汪洋，白茫茫一片，见不到一片稻叶，只有河岸塘边的几棵柳树摇摆着，一个个村庄像大海中的舰队。屋内都进了水，床上下来就是水，鱼儿也进了屋。少年不识愁滋味，从未见到发这样大的水，我们这些小年轻，从水里走来走去，嘻嘻哈哈，摸鱼捉虾。三十年之后，我在苏州市委办公室写《当代中国》江苏卷的苏州章，看到苏州农业部门提供的材料，说苏州地区那场大水淹死数百人，财产、作物损失以亿计，不禁倒抽了一口凉气。

把水利作为农业的命脉，农民最清楚，这就叫切身体会。年年夏天防汛做堤，年年冬天兴修水利，农民从没说过半个不字。20世纪50年代的十年间，至60年代初，江南水利建设的黄金时期。起码在我们那个村，十年水利恩泽了五十年，还在恩泽下去。

筑电力灌溉渠道，是我们村，也是前后五六个村，50年代第一个水利工程，怕要在1953年之后。从南到北，五六里长，四五米宽，一米左右高，中间水道，两边人行道，穿村而过。那可是一件大事，村上开了动员会，五六个村，数百劳力，倾巢而出，一个冬天就完成。渠道之水，取之长江，大渠滚滚而来，分支汩汩而出。从此之后，我们那个村，五十多年几乎没有旱过。

我们那个村离长江七八里，直对黄山炮台，西面见山，东面是堤。发大水，里面的水出不去，江里的水淹过来。筑堤，开河，两大水利工程。一夏一冬，与村民们一起，我两次上过长江大堤，搬土固堤。夏天一次，紧急召去，说要发大水，不分昼夜，搬土加高加固堤岸。上身赤膊，穿条短裤，浑身像个泥人。冬天一次，比较从容，修补江堤。长江水浅了，泥是从江滩上取的。江滩有一二十米宽，长满芦苇。夏天，芦苇里尽是蟛蜞，一抓就是一把。蟛蜞比蟹个儿小，肉也少，把它在放石臼里冲碎，用纱布滤汁，包馄饨吃，挺鲜的。冬天，蟛蜞钻进泥里，取土挖出了许多蟛蜞，没人吃。那堤，有十多米宽，一两米高，上面可以开汽车。每个村包一段，多长，记不清了。大约整整干了二十多天。活不算累，伙食不错的，中午都有点荤腥，常是白菜肉片汤，一人一大碗，饭随你吃，比在家吃得好。长江边上，冬天风大，脸、手冻得通红，没叫苦字。

大约在1957年，距我们村东二里许，由南面的岐山脚下，至北面的长江，开一条大河，是我们那儿最大的水利工程了。那条河叫白曲港，估计是河进长江的地名，挪来而用。河底要二十多米宽，河面最宽要三十来米。与这条河有关的乡村都参加了，数千上万人，布满了工地。但只见彩旗飘飘，人挑车推，二三十里号子声声，一片繁忙。那时，常常全民动员全党动手，机关、学校、商店都轮流抽人上工地，我已进了初中，也上工地干了两三天。这个工程好像当年没有完工，第二年开通的。这条大河的开通，彻底解决江阴城东一大片三四个乡镇的水利问题，旱可灌，涝可排，若无特大灾情，旱涝保收。此后五十年，果真如此。我十五六岁，印记最深的，在这条河里游泳。放学先不回家，书包扔在桥头，四五个同龄，赤条条，“一二三”，纵身从一二十米高的桥上跳下去，两手一划，又浮出水面。

在我印象中，20世纪50年代中期至60年代初，年年冬天兴修水利，没有哪一年闲过。除了大的水利工程，就是修浚河道，包括清理水塘，两三年轮番清淤一次。先把河、塘里的水抽干，连泥带水用畚箕挑，稍硬一点的河床用锹子铲，铲成豆腐块，四四方方，七八个人，从河底排到岸上，泥块从河底传递上堤。传时动作要快，稍有迟钝，七八斤重的泥块，就扔上你的胸口。再一迟疑，又一块泥飞来了。那时，河塘里的水是清的，游鱼可数，清澈见底。人畜庄稼共饮一河一塘水。

20世纪70年代，江南、苏南农村水利正在发生变化，一个直观的变化，河道清淤少了，80年代之后，几乎不清淤了。村里的劳力大都转移了，农忙时回村干几天，又走了。奇怪的是，水稻并没有少侍弄它减低产量，一亩还是千把斤。饮水却发生了很大变化，家家打了水井，不再用河里塘里的水。我问村上人，为啥家家打水井？他们说，河里塘里的水洗涮可以，不能喝了。田里黄鳝少了泥鳅不见了，与多用化肥、农药有关，稻田里水常排进河里塘里，喝河塘水等于喝农药吃化肥。70年代，村里引种了水葫芦，用来作猪饲。后来队里不养猪了，水葫芦疯长，把河面挤满了，水中的氧吸光了，加上久不清淤，河床抬高，水发黑了。队里的猪舍承包给一个养猪大户，他到城里装垃圾，用废塑料废纸杂物作燃料，烧猪食。浓黑的烟，北风一吹，刺鼻的烟味弥漫了大半个村子。垃圾就堆在村西塘边，污黑的水流进河里。我同村民讲，队里怎么不问问？他们说谁来问。

80年代，井水也不能喝了，自来水进村了，家家用上了自来水。

每次回乡，我常到河边塘边转转。望着河里的水，常出神。老想到，孩提时，口渴了，用手捧水喝。

一个商字的艰难跋涉

有交换，就有商品经济。江南有商品经济，应该很早的了。

说到六十年，有一点很清楚，是一个商字，是发展商品经济，改变了江南。改变了的，不只是外在的，村庄，房屋，道路，更是内在的，走什么样的发展之路。

清楚之中，有一个问题不太清楚，这就是，六十年间，江南、苏州农村，什么时候商品经济占主体地位，合作化公社化时是不是自然经济当家，自然经济与商品经济的分水岭是什么，在哪里？这可是认识江南、苏南六十年变迁的一把钥匙。

苏南农村历来盛产稻米、丝绸，既有粮仓之称，又有衣被天下之誉。中国四大米市，一大米市在无锡。乾隆年间，无锡粮食的吞吐量达到七八百万石，在19世纪末20世纪初时，粮食堆栈容量为东南各省之冠。丝绸几乎输遍全国，与茶叶一起，是出口的大宗产品。应该说，苏南的商品经济是比较发达的。史学界常称江南、苏南是中国资本主义的起始之地。

新中国成立后，20世纪50年代前期，从我们那个村来说，可以称之为商品经济的，主要不在农业。江阴人多田少，人均亩把耕地，所产粮食基本自食，所谓口粮。交了公粮，有点余粮出卖，并不多。沿村、集镇买卖的，有些蔬菜、瓜果、鱼虾，参与买卖的农民也不多，一个村几户而已。印象深的，有个种瓜能手，种西瓜香瓜，每到夏天傍晚，挑两只箩筐，一家一家兜卖。有时卖到最后，便宜一点，五斤十斤香瓜一起卖。这时，我娘就会买了给我们兄弟解馋。还有一个捉鱼的，也是到傍晚，背只虾箩，三四斤鱼，大多是小杂鱼，沿村叫卖。也有长江边上的渔民，捉的刀鱼鲥鱼，城里卖不掉，挑到乡下来卖。上午，几乎天天有卖豆腐的，什么时候出现相当准时。下午，有卖豆腐花的，一副担子，前挑一只装了锅子和煤球炉的木框，锅子周围放了酱油虾米之类的佐料，后挑一只有盖的装豆腐脑的木桶，"吃豆腐花噜"，拉长了调子，穿了村子还到田头，三分钱一碗，大冷天削麦，喝一碗热乎乎的。没有钱，可以欠。

可以称之为商品经济的，就是养蚕、织布。我们村，旱地少，桑地少，养蚕不多。江阴有织布的传统，一个村子超过半数，几乎家家织布。织的布分两类，一类叫小布，一类叫彩格布。前一种，自纺的纱织的土布，宽度相当狭，二尺不到，在集市上卖，农民消费，做褂子被褥，几乎不进城；后一种，买了洋纱（机器纺的细纱）织的布，宽度有三尺，有白坯布，大多是彩格布，卖给专门收购布匹的商业部门。纱都是白纱，要自已染，在一口大锅里，边煮边染，再放到清水里漂，穿在竹竿上晒干，五颜六色，煞是好看。农家的织机，是木制的机，后来才有脚踩的马达拖的铁木机。织布也是很累的，两手两脚并用，一梭一梭子，一寸一寸织出来。几乎每个晚上，我半夜醒来，我娘还在昏黄的油灯下织布。半月一月，到江阴城里交布，要天不亮就动身，常是排了长长的队，下午三四点回家，中午饿肚子。一匹布能有多少收入，记不得了，几块而已。我们村上，农家的现金收入，主要来自织布。

可以说，这个时候，在苏南农村还是以种田为主，自给自足为主。就是织布这点商品经济，没有多少年，最多五六年，就收掉了，收到城里去了，农民不能织布了，一门心思种那一亩三分地。我们村上，曾经办过织布合作社。铁木机集中起来，有一二十台，挺神气的，马达嗞嗞作响，不用脚踩手拉，每天晚上大半个村子都听得到织布机欢快的嚓嚓声，农村少有的交响乐。也是两三年光景又被收掉了，铁木机拆了卖废铁。可惜呀可惜，这个合作社，应该是后来发展起来的乡镇企业的前身，如不收掉，农村乡镇工业要早十年二十年，苏南乡镇工业的历史要改写。

50年代中后期，农村弥漫着急急赶路的浮躁。毛泽东写按语批评小脚女人，一年半载就合作化公社化了，土地、大一点的农具和其他生产资料都集中归生产队所有。曾经归合作社所有，后来中央给农民写了一封信，反冒进，还是以队为基础。这个长达一二十年的合作化公社化时期有没有商品经济呢？有也不多。农家有一点商品经济，长在自留地上。自留地少得可怜，每家分把地，至多两分地，种点蔬菜，多数人家自食。有些人家会种菜，将多余的蔬菜、瓜果，上街卖掉。那时，江阴农村还有一种类似于士大夫的鄙商思想，看不起上街卖菜和做小买卖的，吃不了的菜送邻居亲朋，这样脸上才有光。沿江阴城有不多的蔬菜大队，以种蔬菜为主，菜农吃返还粮，蔬菜不是上市卖，交给蔬菜公司，这也是一种交换，但不受市场、价值规律的支配和影响，最多称为半商品经济。

可以称之为商品经济的，那就是手艺人干的手艺活。以一个村为中心，方圆十里二十里，有篾匠做竹器，有木匠做盆桶，称之小作；有大作，造房屋打家具；有泥瓦匠造房屋，带几个徒弟，村上邻居帮做小工，吃饭没工钱，农家的灶用砖砌起来的，称之大灶，也有泥瓦匠专砌灶的；还有裁缝，50年代初都是手工制作，之后大都有台蝴蝶牌缝纫机，既接来料加工，也进户加工，往往农家将一年要添置的衣服几天做完，包两顿饭，付工钱。在农村，手艺人的地位高于种田的，有句俗语，荒年饿不死手艺人。男孩小学毕业后，一部分会去做徒弟学手艺。把手艺技术作为交换的商品，大约是农村割资本主义尾巴中，仅留的几根属商品经济的尾巴。但这也是点缀而已。若要做大，成为店铺作坊，很快会被割掉。

我有个邻居，是同一家族的，同龄。他家是上中农，有十来亩地，有一幢全村最高大的房屋。他是我们村上两个小学毕业后，到江阴城里读中学的一个。他把初中的书给我看，物理，化学，生物，我好羡慕，隔了两年我去考初中，有他的“引诱”。他一门心思想上大学，第一年没考上，不死心，再考两年，也没考上。他家有做刷子的手艺，有家庭用的板刷，也有工厂用的，以竹、木板和猪毛、尼龙丝为原料。他农忙种田，农闲做刷子。做一两个月，出去卖一次，短的几天，长的十天半月。大约到60年代后期，也不准他做刷子了，一直郁郁不欢。后来，我们村上办了一个板刷厂，就是以他为骨干办起来的。五十多岁，得了肝病，不久去世。他是一个受过高中教育，以手艺推进农村商品经济的先行者。可惜，没有做出多大市面。时势造英雄，有了时势才有英雄，他没有时势。每次回家见到我，总以一种羡慕的眼光看我，少不了一句祥林嫂式的话，“考大学我没考好”。

能称之为商品生产的，还有一部分副业。所谓副业，就是农业之外的行当。农副工，第一是农业，第二才是副业，工业殿后，既表现了农业为基础的方针，又反映那时的工业副业不占主导地位。何谓副业，相当庞杂，主要是养殖业和小手工业。从我们村来看，副业不大成气候，确实是个副业。没有多少河面，两个大一点的塘，一个塘两个生产队共有，不养鱼，几年抽干捉点“野鱼”（非放养之鱼）；一个塘养鱼，一两年捉一次，各家分而食之，不上市场，每年农忙后的“村宴”，下河捉几十斤，“村宴”的一道主菜。主要的副业，就是养猪。无论合作社公社，还是生产队，对养猪都极为重视，一是上头有指标，要保市场供应；二是基肥主要靠猪灰，要肥田。有硬性指标，每户至少一年养一头。那时还没有饲料业，有点饲料供应，不足养肥一头猪。多数农户，把猪卖给供销社，扣除成本，略有盈余，成本之中没有用工。一点赚头，至多是极低的工钿。农民说，养猪不赚钱，为了猪屁股（猪粪）。这既是事实，也是农民的自慰。也有少数人家自己杀猪，一半卖给村上人，一半自食。

江阴称为乡镇工业的发源地之一是不成问题的。20世纪70年代后期，不少乡村偷偷摸摸办起了乡镇企业，当时的县委县政府是支持的，上面还有苏州地委行署的支持。领导们懂得了一个道理，农村劳力不转移，仅靠那一两亩地，永远增加不了收入，一个小厂的收入远远超过一百亩地的收入。那时，还没有提富起来，还不敢提富说富。转折点在20世纪80年代初，一大背景，记得是1984年吧，“中央一号文件”，提出发展商品经济是不可逾越的，农村办乡镇企业名正言顺了。“不可逾越”，今日看来，既是说商品经济一定要发展，无可替代，也潜藏了一种思想，商品经济还是个过渡，最终要消除，说明对发展商品经济，还是一种权宜，那时解放思想还有限度。那时办乡镇企业，即使得到“言顺”，也不易。在上层、在城市都有较量，一些人看不惯泥腿子上田岸，更多的是担心乡镇企业与城市老大哥国有企业争原料抢市场。这场较量，以事实胜于雄辩，不同意见服从于事实。在这个大洪流中，五年十年不到，我们村上办了几个厂，乡里也办了好几个企业，规模逐步扩大，三分之二的劳力转移了。苏州、苏南农村很快发展起来，以乡镇企业为主的“苏南模式”出现了。

因此，只有到这个时候，至20世纪80年代中期前后，有条件有资格来讨论，在苏州，在苏南，还有江南其他地区，是不是商品经济占主导地位。

这个时候，虽然农业主体还是种口粮，自给自足，但也有相当一部分转到商品经济上来了。劳力的转移，促使承包地的转移，一部分农民专事生产商品粮，有几十亩地的，少量上百亩的。这就是种田大户，学者和政府部门称为家庭农场、小型农场。我们村上田少，有三四个种田大户，规模都不大，一二十亩地。我家隔壁的两兄弟就是种田大户，十多亩地，养五六头猪。家庭承包之后，副业也迅速分化，成为一个主业发展起来。水面大而多的村，水面也纳入承包，专业养殖。昆山、吴县、吴江，许多农户养蟹养鱼养虾。至20世纪

90年代初，多数村工业副业收入远远超过了农业，由农副工变工副农。这个时候的江南，尤其在苏州，即使在薄弱村，都是工副业，都是商品生产占主体了。一个历史性的大跨越实现了。

这个大跨越表明，在苏南实行家庭联产承包之前，农业占主体，生产的粮食大部分由农民自己消费，主体经济是自给自足的自然经济，卖的商品粮不直接上市场，所谓统购统销，不受价值规律的控制，也称不得真正意义上的商品生产。只有在此之后，按市场需求生产产品，农民自主成为商品生产者，这时才是从事商品生产。劳力的转移，一个村的主体收入，是自给自足经济还是商品经济的两个标志，也可称之为两种经济的分水岭。

由自给自足的自然经济，转变为商品生产商品经济，在素称商品经济发展早的江南，也用了整整三十年，其间可谓艰难。两个原因，千万不能忘记，中国长期有鄙商的传统，在这个基础上，又把商品生产与产生资本主义连在一起，割尾巴，割掉了二三十年的好时光。

50年代的离土离乡

离土离乡犹如背井离乡，但它俩的背景、实际含义各不相同。背井离乡是出于无奈，外出寻求生计，凄凄凉凉，走西口，闯关东；离土离乡，那是农民进城，虽也是背井离乡，但没有凄凉是壮举，泥腿子进城，是城市化的另一面。离土离乡，改革开放词典里的新成员。

其实，农民离土离乡，在江阴，在我们那个村，在50年代早期，至中期，就出现过，人数还不算少。一个村，有一二十人。有男有女，都是年轻人。去上海，去北方，去西北，大都在外生根开花。有成为新中国早期的产业工人、技术骨干，有成为纺织女工，有成为军垦农场职工，有成为商业贸易人才，有成为地质探矿专家。与后来出现的离土离乡不同的，都“收编”成为国营集体企业的职工，脱离了农村。这股离土离乡风大约刮了五六年，至多七八年，全国户口收紧，除了上大学、参军、村干部提拔外，就再也没有人出农门。

江阴人很早就有出外打工的习惯，东去上海，南去无锡，近进江阴城里，大半去上海。我父亲、伯父都去了上海，伯父成了上海人，直至60年代支内去西南。我们那个村许多人家有人在上海，或打工做伙计，或开店经商，两大行当，做冷作机械，纺纱织布。我有两个表姐，原是上海的纺织女工，后来随厂迁郑州。有两个做冷作的表哥、表姐夫，后来成了上钢五厂和沪东造船厂的技术工人。苏南乡镇工业发展初期，大量星期天工程师、退休技术工人下乡，渊源就在这里，新中国成立前后离土离乡去上海的农民。

我哥，上到小学五年级就辍学，先种田，后去江阴城里做学徒，学漆工。记得那个放木器的仓库挺大，在第三进，有点阴森，我哥也不过十五六岁，每天晚上我去陪睡，直到江阴解放。那天晚上，解放军过江，炮声隆隆，长江上空"烟火"飞射，我们兄弟俩没睡，天亮了，满街是解放军。因漆过敏，我哥两手皮肤感染发红发肿，我娘心疼就让我哥回了家。1952年表姐夫的关系，我哥去了上海，在一家"外国铜匠店"（冷作兼白铁匠）学手艺，1956年公私合营进了上海一家机床厂，户口也进了上海。我哥属牛，春天生的，瞎子先生说，春天的牛劳累一生，全家都要靠他。说我大了吃一世笔头子饭。果真如此，我们兄弟俩都被他说中了，这个瞎子先生不简单，真该得诺贝尔奖。几十年，我家经济来源和我上中学上大学的费用，全在我哥。每学期我都画一张成绩单寄上海，算做汇报。60年代初，上海大量技术人员支援三线建设，我哥去了西北，调进我国最早的核工业基地，几十年转战甘肃四川陕西的炼铀厂。我哥手挺巧，又肯钻研，成了技师，获多个专利。改革开放后，去深圳大亚湾安装发电设备，电厂建成回陕西汉中，退休后不愿回乡，继续发明专利。六十八岁时，突发心脏病去世。一生献给了中国的核工业。

一个族里的，比堂兄远一点，可能合一个曾祖父，我直呼其名，叫他洪度，与我哥同岁，1953年或1954年就去了上海。他怎么进了上海土畜产进出口公司，不清楚。他负责江苏主要苏州地区的土畜产收购，主要是猪鬃，就是猪背脊上的毛，又粗又直又硬，有四五寸长，黑黝黝的，一把一把扎好，有原毛出口，也有做成刷子出口的。妻子比他长得高，瘦长条子，守家种田织布。有一子一女。他一年回来一两次。衣着整洁，头发光光生亮，一看就是城里人，一口阿拉上海话，时不时蹦出一句粗俗的江阴话，"婊子养的"。20世纪70年代，他常驻苏州，公司设在葑门城河边的仓储房内。来苏州后，我去看过他两次。他托我在苏州找客户出租仓库，未成。江阴有做刷子的传统，包括我们村上，有多少把刷子，有多少头猪的猪鬃，通过他的手漂洋出海，可以讲，不知其数了。

我小学毕业后，回家务农，比我大一两岁或小两岁，还有五个同样小学毕业后务农的，合作社里称为“半劳力”。六个“半劳力”，堪称小知识分子种田，乳臭未干，以有文化自居，六进六出，挑河泥，撒猪灰，拔秧车水，拿今天的话来说，田头上的一道风景。有一半是种田实在太苦，有一半心不甘想改变自己的命运，1957年前后，六个“半劳力”分道扬镳了，各奔东西。我上中学去了，两个当兵去了，两个自己走出去了，只有一个堂弟未离开一亩三分地，年纪大了，在村上开了一爿小店，现在还在卖油盐杂物。两个当兵的小兄弟，一个两三年后复员回乡务农，一个在苏州当卫生兵，成为医生，转业在苏州一家部属厂当厂医。两个自己走出去的，一个进了一家工厂，自学加培训成了工程师，后调回江阴，在一家机械厂负责技术工作；另一位，到了东北，进了地质勘探部门，也是自学加培训，成了工程师。他成家在牡丹江市，回乡过几次。六个“半劳力”的不同出路，折射出了50年代农村青年的境遇，打上了那个时代的烙印，种田之外，还有读书、当兵、外出三条路。

1993年，我到新疆乌鲁木齐开会，很想去石河子，去探望两个村上人，她们是我的同龄姐妹。五十年前，农村也掀起一股支边风，好像是有号召的，特别欢迎小姑娘，她们十六七岁，只身去了新疆。没有昭君出塞那样的凄凉，全村敲锣打鼓欢送她们，她俩穿绿披红，灿烂的笑脸上挂着两行热泪，她们相信新疆是好地方有工作做。开头有信，说她们很想家，想父母兄弟，想回家。没有到二十岁，她们就结婚生子，就不说回家了，少有信息。困难时期，不寄钱，常寄粮票回来。直到70年代，她们回了家乡，带了夫婿子女，全村男女老少都去看她们，正好是春节，我也去了。我们儿时常捉迷藏，有一次在我家的柴屋里，在一大堆稻草中捉到了她们，情景仿佛就在昨天。口袋里有炒蚕豆，她们总要分一半给我。我隔壁的那位妹子送我一袋葡萄干，两眼还是那样明亮，两颊酱色，西北风吹的，昔日的小姑娘已是中年妇女，她说了一句话：听说你在苏州工作，有出息。我说，一样的。她淡淡一笑。临别时，我说带你全家到苏州看看。她又是淡淡一笑。此后，就再也没有见到她们。说是，父母去世也没有回来，寄了点钱。在乌鲁木齐的会议之后，会议安排去外地参观知青农场，见到的都是上海人，他们请我们吃葡萄，就想到我们村上的两个姐妹，就想到那袋带回苏州的葡萄干。地址不详，我没有去石河子看她们。

20世纪50年代的离土离乡，虽然没有现在的民工潮那样波澜壮阔，但影响还是挺大的，至少在我们那个村，留下的思索还不少。50年代末期之后，中国人口的流动，城乡之间停滞了二三十年，无异于最主要的生产要素，在中国禁流了近半个世纪。两次离土离乡，虽各不相同，但内在是延接的是相连的：我之于你，是继续，你之于我，是必然。人口的流动是抗拒不了的。

吃饭不要钱的日子

四五十年前，苏南农村流传着这样的口号：点灯不用油，耕田不用牛，插秧不弯腰，挑担不用肩。这些话，反映了农民对降低劳动强度、农业实现机械化、农村实现电气化的强烈愿望。

其间，还流传过一句话，吃饭不要钱，两块零用钱。这样的共产主义，实施了三四个月，夭折了。斯事已去，今日只当笑谈。不过，还是可以回过头看一眼，从中得到点什么。

1957年，三年小农民之后，我考进中学，读书去了；虽在读书，还是农村的一分子。既吃住在农村，农忙假、星期天、寒暑假都下田干活。三年初中，我的口粮钱基本上是自己做出来的。大学毕业，教过一年书，带学生下乡学农，农民看我秧插得不错，说你怎么会插秧，我说我种过田。说了句戏话，朕本农民。“大跃进”，大炼钢铁，吃大锅饭，亲历其间。

我们村上“放卫星”，完全是被推出来唬出来的，村干部没有想要高产放卫星，上面有精神要放才放的。“大跃进”之前，粮食产量基本上是实的，有点水分也不多，新垦出来的地不报，队里还有点埋伏，一年农忙后几次村宴来源于此。开始队长不肯放卫星，说这是骗人，糊弄自己。上面说大家都这样，你不放就落后，队长也做不成。放卫星，就是把几块地的稻割了放到一块地里，打了再称，不满五千斤一万斤，称过的再重称，上面还派人煞有介事验秤。

大家心照不宣，这是弄白相，小孩过家家。卫星放了一次，“大跃进”半年一年，祸害大的是肚子加脑子，肚子饿了好多年，思想弄坏了，说假话，农民也学会了。数十年来，假话不断，可知其害之烈。

学校也大炼钢铁。家里几乎所有铁器，除铁锅之外，都贡献出去，敲碎进土炉（称不上高炉）。学校下午不上课，炼铁烧矿石。记得，我们几个大一点同学，不知从哪里弄来两条小船，划到长江边的黄山脚下去装青石（青石也是原料）。两条小船像梭子似的，穿行在两岸杨柳遮护着的河面，装满了青石的小船，船舷齐水，摇摇欲沉。烧了不少柴火，砸了不少铁锅，就是烧不出铁水。大炼钢铁，损失不小，得了一个教训，炼钢炼铁还要靠科学。想加快发展，其志可存；不顾条件，盲目乱上，适得其反。

吃饭不要钱，就是吃食堂。家家户户不开伙，一起烧饭吃。说不要钱，还是要钱的，粮食不会从天上掉下，还是农民种出来的，先是每家每户拿出来，倾缸倾坛所有。村干部挑了箩筐，挨家挨户搜米搜面。说搜，不是进屋搜取，而是取，农民自觉自愿交出来的，还一脸高兴，不用再做饭了。说农民都很愿意，也不见得，听说要吃食堂，米面要交出去，家家就放开肚皮吃饭，中晚都吃干饭，早上烙饼吃。不是过年，胜似过年。

开头，吃食堂吃得蛮开心的，早晚一大盆粥，中午一钵饭，一碗菜。不用烧，天一亮就有早饭吃，中午农具一放，饭菜就到嘴，吃得饱饱的，大家嘻嘻哈哈。中学离村有三四里路，要走半个小时，中学生中饭都回村吃。奔进食堂，大蒸笼放着饭，一钵子有一斤米，天天是青菜，偶有荤腥，狼吞虎咽，三扒两扒就吃光了。村民确有零用钱，每月两块钱，按人头给的，学生也有，减半，一块钱。有得吃，有得拿，我们这些小家伙，尝到了共产主义的味道，挺开心的。有一次到别的村帮割稻，也免费吃了一顿饭，饭放开吃，加一碗青菜一块肉。那时，还没有时兴喊万岁，按心情真想山呼万岁，食堂万岁。

应了一句话，好景不长。吃了四五个月，到下半年，食堂开不下去了。1958年的收成并不差，虚报了，粮卖得多了，口粮少了，再加上浪费，食堂每人每天超过一斤米，队长算算库存，所存粮食吃不到明年小熟麦收。唯一的办法，每天减米下锅，早上的粥一天比一天稀，中午的饭也吃不成干饭了，隔三差五，晚上也吃稀粥了。肚子饿，活又重，怨言四起，一盆水泼到队长身上：米到哪里去了？说队长家里偷偷烧饭吃，半夜里也吃。村民的眼睛盯着食堂，盯着烧饭师傅的勺子，谁家的粥打得多，谁家的粥打得干，你说我，我说你，互相猜疑。队长的脸整天铁青着，时不时嘴里冒出一句话，棺材食堂。（江阴人嘴里常有棺材二字，不同场合多种意思，不一定都是骂人。）上面有精神来了，说食堂可以解散。今天有精神，明天就解散。所存的粮食，分给各户。一幅村景又出现了，晨曦晚霞之中家家屋面上飘出了一圈一圈的炊烟。文质彬彬，叫饭香四溢，炊烟袅袅。

过了年，到了1959年春天，有一天村头的大喇叭响了，队长的大嗓门，说毛主席给农民写信了，有些事情做错了，要讲真话，不能浮夸，大家好好听听。农民很兴奋，毛主席给我们写信了，说了农民的心里话。听进去三句话，粮食亩产万斤是吹牛，秧不能插得太密，食堂可以不吃了。都说毛主席真伟大。

三年困难时期，我们那一个村还是不错的，没有饿死人，糠菜吃过，得浮肿的人不少。

三四年前买了两册中央文献出版社出的《毛泽东传》，下册开头两章都说"纠'左'的努力"，里面确有毛泽东给生产队长写信的事。文中说，中央在下了一系列纠"左"措施之后，1959年4月29日，毛泽东提笔写了一封信，叫《党内通信》，信写给省、地、县、社、队、小队六级干部，一直捅到基层。信里讲了六个问题，有包产问题、密植问题、播种面积问题，还有农业机械化和讲真话问题。在讲真话问题中，毛泽东说："包产能包多少，就讲能包多少，不讲经过努力实在做不到又勉强做得到的假话。收获多少，就讲多少，不可以讲不合实际情况的假话。对各项增产措施，对实行八字宪法，每项都不可讲假话。老实人，敢讲真话的人，归根到底，于人民事业有利，于自己也不吃亏。爱讲假话的人，一害人民，二害自己，总是吃亏。应当说，有许多假话是上面压出来的。上面'一吹二压三许愿'，使下面很难办。因此，干劲一定要有，假话一定不可讲。"这段话，今天重听重读，感慨系之。事实上，六十年中，很长一段时间没有听进去。上上下下说了几十年的话，不是常在重复这几句话么？

所以，讲科学发展，第一位的，不讲假话，不做浮事。

交了公粮卖余粮

皇粮国税，一国的根基，最基本的国家观念之一。

新中国成立后的农民，对皇粮国税，竭诚拥护，除不合理的负担外，从没说过半个不字，也没有半个少字半个差字。皇粮国税，农民称之：交公粮，交公家的粮食，交国家的口粮。

交公粮，完农业税，先各家挨户交，三四年，至多四五年，后生产队交，联产承包后，大多村里集体交。骨子里都是农民交。

在我印象里，公粮分两次交，小熟后，秋熟后，大部在秋熟。先交小麦，后交稻谷。麦有大麦元麦小麦，大麦可制酒，元麦农民自食做猪饲，小麦可磨粉，公粮交小麦。稻有早中晚，早稻质差自食，公粮大都交中晚稻，米质好。

交公粮是件大事，队里早作准备，先选好颗粒长得饱满的田块，割了上晒谷场把谷打下，晒干扬净。所谓打谷，20世纪50年代初确有打谷，每家有一只打谷的器具，江阴叫稻床，像一只大方桌，没有桌面，排上一条条竹片，稻把麦把在上面抽打，谷粒麦粒掉下来。后改用电动脱麦脱谷机，稻床淘汰了。扬净，一种靠风力，把稻谷麦粒扬到空中，吹掉空壳瘪谷；一种用木制风机，手摇转轮，同样靠风力吹去瘪谷叶芒杂质。

交公粮大都在下午三四点钟。谷先在场上晒半天，降低水分。几天前已在粮管所登记排好队，随到随交，先车载，水路通了改船运。一二十辆独轮车，车把式推一人用绳拉，车上插上一面小红旗，50年代初还敲锣打鼓，一字长条，半里长，挺气派的。入库前，粮管员都要验谷，水分如何，出米率如何，从不马虎。凭他的眼看出米率，凭他的牙辨水分，少有上下。我参加过三四次，从没有退回的。有极个别的村水分高了点，就在粮库的晒场上把粮晒上一两个小时。

据史料记载，农业税始于春秋时期鲁国的“初税亩”，到汉初形成制度。新中国成立以后，沿用了这一古老的税种，延续了2600年。农业税率，按亩产的15.5%计征，亩产不是每年的实际产量，是约定的常年产量。以亩产千斤计，一百亩地得交公粮一万五千五百斤。我们那个村交公粮在二万斤以上。50年代，两熟亩产八百斤，也得交公粮一万五千斤。此外，还有地方农业附加和农林特产税。我们那个村实际交多少就不清楚了。有一点清楚的，不管年景如何，公粮一粒也没少交。石破天惊，2006年起，我国全面取消农业税，交公粮，这一古老的税种，停止了生命，永远载入了史册，其中包括一代又一代农民对国家的忠诚和贡献。

一个村夏秋两熟，先交公粮，再卖余粮，队里留点，最后作为口粮分给农民。卖余粮，顾名思义，多余的粮食，作为商品出售。事实上，很长一段时间并非如此，是以固定的价格、固定的数量出售，卖多卖少，价格高低，生产队和农民没有一点发言权。在我的记忆里，卖余粮与交公粮并无二致，差别在于卖余粮有几个钱。卖了余粮，低产年景，春夏之交，有极少的返销粮。

时代创造词汇，词汇记载历史。何谓余粮，若以多余的粮食解之，那只是字面上的直解。我们那个村，土改时人均就不足一亩地，20世纪50年代，正常年景，亩产粮食，多则六七百斤，少则四五百斤，扣掉养一两头猪的饲料，勉强够吃。我上完初中到江阴城里读高中，说一天一斤粮，中饭半斤，吓了一跳，中饭一碗青菜半斤米饭，这怎么吃？那时农民的口粮概念，起码一天一斤半。完全可以说，我们那个村无余粮可卖。

20世纪50年代初，单干之时，各家劳力、种田技术、农具、耕牛、肥料，很不一样，好中差，各占三分之一。我家的地靠我哥哥种，他也不过十五六岁，无种田技术可言，肥料下得少，极少买菜饼之类的高档肥料，我家的稻麦总比人家的矮一截，像营养不良，面黄肌瘦，少产一二百斤。年景有好差，而余粮定死不变。那时几乎年年有虫害，有种虫叫螟虫，专吃稻茎，还有白飞虱，眼见稻抽穗扬花，一枝一枝，一片一片，干枯死掉，农民心如刀剐。收成好的人家，卖余粮，嘻嘻笑笑，有钱可得；中差人家，尤其差的，实在不想卖粮。我娘常说，卖归卖，不够吃再想法，船到桥头直苗苗。

1953年之前，农民可以自由卖粮，之后，实行统购统销。中央文献出版社出的《毛泽东传》记载了有关情况：1953年粮食歉收，东北等主要产粮区减产70亿斤。收支相抵，全年出现40亿斤赤字。全国出现经济波动，人心不稳。毛泽东要中财委拿出具体办法。1953年10月1日国庆之夜，中央最高领导层就这一重大政策作出决议，决定就粮食问题召开紧急会议。10月2日晚，中央召开政治局会议，讨论粮食统购统销。对粮食实行统购，是陈云从八种办法中选择出来的。事后陈云曾说，“我现在是挑着一担‘炸药’，前面是‘黑色炸药’，后面是‘黄色炸药’。如果搞不到粮食，整个市场就要波动；如果采取征购的办法，农民有可能反对。两个中间要选择一个，都是危险家伙”。可见，粮食统购统销确非易事。

粮食购销，从自由买卖到统购统销再到自由买卖，其间经过四十年，波波折折，亿万人的吃饭问题，天大地大口最大，泰山之重不足为重啊，是得是失，不能轻言妄言。

可以说的是，对统购统销，农民并没有反对，有怨言也不多。农民并不清楚全国粮食形势，也不清楚为什么非要这样做，农民只是从心底里拥护共产党，拥护共产党的任何政策，卖粮是爱国。我们那个村不肯卖余粮的人家有，最多两三户，村干部一讲也就不顶牛，把要卖的余粮卖了。有一户，男的我叫他小叔，新中国成立前后生了一堆儿女，没有油水粮食吃得特别多，几乎年年不够吃，青黄不接，邻里间东家一升西家一斗常借粮，交公粮二话没说，卖余粮实在卖不出，嘴上说不卖还是卖了。什么叫牺牲，战场上的战士浴血奋战，是牺牲，农民饿着肚子卖余粮，同样叫牺牲。在价格控制之下，卖余粮，多少包含了对农民的剥夺。

应该说的是，统购统销稳定了购销，但农民失去了种田自主权，即使是合作社人民公社，农民也离开了市场，远离了商品经济。一统之下，市场失去了本来面目，价格、价值规律不起作用。不要说我这个“半劳力”，就是社长队长会计，种田也没有一丁点市场概念，不是为市场而生产，一为公粮二为余粮三为口粮，学“大寨”是为多打粮。统购统销为什么时间这么长，它与“一大二公”捆在一起的，一个根子，怕农村两极分化，怕中农成富农，产生资本主义，对抗社会主义。

六十年，一个粮字，一部农民史，一部农村史。

现今，苏州城南有个粮食交易市场，那么平平常常，百万人的口粮，就在这儿进进出出。去看过没有？

农忙完了摆村宴

农村也有盛宴，他们说这是农民的国宴。这就是夏秋一年两次农忙之后的村宴。有说江阴农村好吃，好吃也是自寻快乐，自得其乐。有三四年，我也忝列其间。好吃的一分子。

麦割了，秧插了，人也快累倒了。老农做惯了，一个农忙下来，就是累一点；小年轻筋骨嫩，不是久经考验的革命老前辈，肩肿，脚板肿，脊柱似断，一坐下去就立不起来。不过，无论老农新农，都盼秧田里的秧拔光，最后一块田最后一棵秧插完，二万五千里走完最后一里路。真的插最后一块田的秧了，大家一下子感到天亮了，脚下也轻快了。队长说，后天吃一顿。队长两眼发光。大家一脸笑眯眯，立刻舌下生津。

隔天才吃，要准备。足足准备一天，三件大事，杀猪，捉鱼，买酒。队长只说不动手，具体组织指挥的是会计，兼厨师长。队里养猪，母猪子猪，长年养肉猪，有任务要交，一个老农伺候猪们。猪当天杀，当天吃。村上有人会杀猪。一早，先烧开一大锅水，烫猪用。屠夫立在场上，袖管挽起，一把尺余雪亮的尖刀横着咬在口里。两个帮手，一人牵一只猪耳朵，将肥猪拉出猪圈，猪一路号叫，谁也不理会。白刀子进，红刀子出，一股股血喷射出来。猪不动了，屠夫在一只后腿脚上割个口子，嘴对着口子吹气，不一会儿，猪鼓了起来，像个大气球。放进大水桶，水一烫，两手一撸，毛就褪了下来，浑身白白嫩嫩，肥嘟嘟的猪肉挂在一个木架上。

秧插完，天还不是很热，小孩已下塘游水，不经常，偶尔。下塘捉鱼，有点冷，先喝半碗烧酒，暖暖身。渔具，是个小型渔网，由两根竹子十字撑开，前面敞着，另外几面用网围住，鱼自己钻进去。十四五张网，一人一张，一字排开，从西向东，将鱼往前赶，河面过了一半，鱼往后逃，就自投罗网，一条一条被抓住。大都是鲫鱼鲢鱼，少有青鱼草鱼。来回两次，四五十斤，队长说够了，就不捉了。捉鱼的，一出水面，浑身发冷，嘴唇有点紫，还是嘻嘻哈哈。

杀猪、捉鱼，没有我们"半劳力"的份。我们与妇女一起，杀鱼拣菜洗菜，灶下烧火，洗碗，一家一家去借八仙桌长凳，做厨师长的下手。还有一件大事，小年轻去村店扛酒，扛一坛再扛一坛，四五坛一二百斤。很少喝烧酒，也不喝黄酒黑酒，几乎都喝米酒，一角钱左右一斤。厨师是自学的，有两下子，红烧肉特好吃，不是稀烂稀烂的，折中，有嚼头。全村"红白"都要请他。

中午过后，开始煮肉。不一会儿，全村香气四溢，小孩已是蹿来蹿去，拉长了鼻子闻肉香。猪肉先是大块煮，熟后一分为二，一半白切，一半红烧。规矩，猪内脏统称"下水"，杀猪的报酬，不上桌。若有食客提出想吃"圈圈"（大肠），屠夫不拿走，就多一道菜。一桌，两大盆肉，一红一白，两大盆鱼，一盆整条鲫鱼，一盆红烧鱼块，大都是鲢鱼，其余全是蔬菜豆腐百叶，少不了的莴苣笋，还有一大盆血汤加粉丝。有时河塘隔年清过塘，刚放鱼苗，无鱼可捕，就上街买鱼。吃得最多的，带鱼黄鱼。

夕阳西下，全村笼罩在过年的气氛之中。狗儿也蹿上蹿下，在人前人后转圈儿，知道有肉骨头吃了。晒场上，四四方方，六桌，没有主次，没有尊卑，凡劳力，不分男女，都上。队长多少有点架子，一队之长么，他坐在自己家客厅抽烟，一帮队里有身份的和长辈陪他抽烟。时辰到了，会计对他耳语一声，队长站起来，把烟灭了，掸掸身上的烟灰，说声走，鱼贯入席。此时，全队能入席的都早早入席了。男男女女望着队长。他举起酒碗，说声大家辛苦了，干了，一碗米酒，眼没眨，吱儿下肚了。接着，六张桌子，一个动作，端起酒碗，仰起脖子，碗见底了。

什么叫鸦雀无声，什么叫万物润无声，看过蚕儿吃桑叶吗，此情此景就是：一碗酒后，一刻钟，十分钟，大家闷头吃菜，大块吃肉，无声无息，只有筷子伸过来送进去，送进去伸过来，风卷残云，一红一白两大盆肉光了。

文人说这叫大块朵颐。大块说得好，朵颐是什么东西？朵颐者，鼓动面颊子。太文气了，施耐庵也不用。这是第一波。队长一桌，也是无声无息。队长一碗酒后，说你们吃，点起一支烟看着大家吃。这就是家长风度。肉光了，队长说喝酒，大家醒了，光顾吃菜酒也忘了。酒是用面盆盛的，放一只碗在酒盆边上。两个小年轻，一人端盆，一人添酒，一次又一次，无人拒酒，也不言谢。我也很起劲做这个差事。

第二波开始了，边吃菜边喝酒，先是多菜少酒，相互碰碗劝酒，半个小时，多酒少菜，一碗接着一碗，酒也不是小年轻添了，酒盆放到桌上了，自己用酒碗去勺，面盆里的酒少了，端盆往碗里倒，酒坛也拎到桌边了。

四条草狗在桌底下蹲着，肉骨头扔下，一根接着一根，吃饱了，趴着不动了。女的，酒量小的，一个一个，不打招呼退了。太阳看着农民吃得开心，高高兴兴落山了。雪亮的气灯点着了，第三波开始了。余下的与队长一起并成一桌，碗筷重新布上，再上四道菜，没有行令，没有劝酒，谈天说地。

这样的村宴一年两次，连续了很多年。土地包产到户，村宴结束了。其间还有“小吃吃”，下大雨，农闲，没有活干，队长会计一合计，来一顿，江阴不叫撮一顿，于是就想法来一顿。到河里捉几条鱼，自留地拔几棵菜，小店里打十斤酒，两三个小时就来一顿了。有时想不出吃的，就动脑筋，谁家养的羊可卖，谁家有鸡，队里先出钱买下。大都一两桌，自愿参加，先记账，年终结算扣钱，从无白吃，从无纠纷，农民说蜻蜓咬尾巴自吃自。

村上的吃，从来没有停止过。村上有了队办企业，有企业就有进账，就有交往，有交往，第一，天经地义，就得吃，就得喝。队长很快学会了，不吃不送，等于白弄。村民也认同，就是这个理。厂子里的食堂冒烟了，村民就笑逐颜开，有客人来了，有生意了，就有进账了。农民嘴边多了一句话，队长脸上红彤彤，四海财路条条通。中国的吃喝风，一大半是乡镇企业掀起来的，一点也不冤枉，其间包含农民的豪爽和农民的狡猾。不少城里吃官司的厂长和供销员，是农民拖下水的，到司法部门去翻翻案子，可以拿出成千上万个证据。乡镇企业，农民办工业，中国农民的伟大创举，两大代价，土地和环境，拉下水的干部和供销人员。

90年代后，快要进入新世纪，村里厂里不吃了，要待客，进城了，进饭店了，高贵的，进宾馆还要问级，几颗星儿的。那时，队长已换了年轻人了。

“剪刀差”的滋味

剪刀，两把刀，一把工业产品，一把农产品，一个贵，一个贱，两种产品一交换，咔嚓一声，“剪刀差”就出来了。所谓“剪刀差”，就是通过不合理不平等的交换，剪掉农民的利益。

20世纪50年代中期，哪一年记不清了，已是接近年关，我娘叫我到江阴城里去把一只生蛋的母鸡卖掉，买点油盐。在城里兜来兜去，好不容易卖掉了，得了一块多钱。那时毛鸡肉价，一斤猪肉五六毛、六七毛钱。江阴刀鱼、鲥鱼，长江之骄，也不过几毛一斤。1968年，大学毕业后我分来苏州。1969年春天去江阴，回苏州时到我们村东边的小镇买了条鲥鱼，四五斤重，也不过几块钱，每斤不到一块。鲥鱼整条买，不是我有钱，是回来孝敬岳父母的。农村买鲥鱼，很少买一条，切一段，不到一斤。

粮食价格，那时粮店一斤米才卖一角三四分，农民卖稻谷给国家，一斤一角而已。麦价还要便宜。几十年，几乎没有变化。在我们村，一个农户，五六亩地，中等人家，四五口人，正常年景产粮三四千斤，得口粮两千来斤，卖余粮千把斤，不计成本，收益最多百把块钱。若计肥料、种子，近于白做，用工就是换回一年的口粮。幸好，50年代江阴农村还能织布，若没有这点副业，多数人家手头没有一点“流动资金”，买盐的钱都没有。

合作社了，一个生产队一本账，一头，不是与市场，而是与国家发生关系；一头，与农民发生关系，工分化成口粮，有余有欠，余的得现金，欠的交现金，欠的交不出，余的或得白条或记在账上。在我印象里，余、平各占40%，欠的占20%，欠的人家大都小孩多劳力少，还有生病的，也有自己年龄大了子女在城市工作买口粮的。一个工分，几分钱，一天十个工分值，各个生产队不一样，了不得几毛钱。年终结算，盈余人家，多则得两三百块钱，少则几十块钱。多得的人家，吃闲饭的少，劳力多，一个队里也就三四户。

六十年的前三十年，工业产品，与生产队发生关系的，农机、柴油、化肥、薄膜、农药和其他农用物资；与农民发生关系的，主要是生活用品和建筑材料，其他就不多了。说与生产队发生关系，实质还是与农民发生关系。50年代，是所谓生态农业，很少用农药，60年代才用化肥，至早也在50年代中后期。这个时候的“剪刀差”，主要是一把，农产品的价格。

农资价格，大都国家定价，尤其是化肥，也是“统购统销”，零售价由国家确定。有关资料表明，50年代硫铵每吨200元，500克一角，与稻谷同价。几十年间，化肥价格有升有降，幅度不大。国家实行保本微利经营，有些企业有些年代还亏损。现在一吨硫铵1800元，提高近十倍，与粮价提高同步。可以说，农资上的“剪刀差”不明显。长期是供不应求。化肥增产明显，一斤化肥增粮3斤，农家肥大量减少，农药使用也增多，粮价不变，种粮成本提高，几乎无利可得。乡镇工业发展起来之后，即使粮价提高了，不少农户不要承包地，出现撂荒现象，主要还是种粮效益不高。工业效益与农业效益的差距，这时在农村内部也有了反映。

农资这把剪刀快不快，另有说法，不快那是表面现象。有文说：即使完全免除农业税，农民仍然通过购买生活用品与生产资料给国家纳税，在中国间接税为主的税制格局面前，知道这一实情的人可能不多，尤其作为实际负税者的农民自己就不知道。农机具、化肥、农药、种子等生产资料绝大多数是含增值税或营业税的，农民每年要交纳4000亿元至5000亿元增值税。这种税负，对于农业生产来说，比起工业生产显得更为沉重。原因在于，工业生产中，生产资料的税负，可以作为成本，转嫁到产品的销价中去；但是，农业生产资料中的税负，很难作为成本转嫁到出售的农产品的价格中。因为农产品尤其粮食的价格基本由国家控制，农民无法加价，大多粮食等农产品又是农民用于自己消费。这就是说，农业生产资料中的税负，最终大多由农民承担。

切身感受，农产品价格放开之前，工农业产品价格的“剪刀差”，确是挺锋利的。20世纪50年代，在农村，棉布、食油，先是自己家里、农村生产，后来是厂里出来的，加上热水瓶、铁锅、胶鞋，这些最基本的工业日用品，农家一年到头有点收益，几十块、一二百块，大都花在这儿。城市的“三大件”，手表、自行车、缝纫机，在农村，五六十年代，很少很少，稀罕物品，真正成为必置的“三大件”，最早也在60年代中期。“三大件”与稻麦价格之比，最能表明那时的“剪刀差”。一块上海牌手表，120块钱，折合稻谷1200斤，等于两亩地的秋熟。一辆自行车，要种三亩地，一台缝纫机，要种三至四亩地。（有资料说，当时农产品价格与实际价值比，压低了37%，工业品价格抬高了近20%，一年“剪刀差”在350亿元。）农产品价格放开，同样由市场定价，较为客观地反映劳动力的价值，农产品提价十倍，相类似的“三大件”，手表降价一半还多，缝纫机、自行车持平还有下降。同类型手表，以前1200斤稻谷买一块，现在60斤买一块。这就是说，在三四十年里，农产品价格至少压低了九倍，与手表比，稻麦价格压低了二十倍。“剪刀差”剪掉了农民多少利益，几百亿，几千亿，说不清。

农民一生两件大事，一是生儿育女，一是造房盖屋。农民一生支出也在这儿。若有收获，若有成就，同样在这儿。两件事，一句话，倾其所有，造房还要负债。建筑材料，钢材、水泥、砖瓦，与农产品比，一贵一贱，不成比例，三分五分一块砖，后来一角二角一块砖，便宜一点，也要三两半斤稻谷一块砖，砖还是地产的，别说水泥钢材了。建筑材料，也是一把剪刀，剪掉了农民许多许多年一点一滴积累下来的收入。

三大差别，工农业差别、城乡差别，既有历史原因，还有其他原因，不能不说，也有政策原因，是自做的。可以解释的是，工业化、现代化包括后来的城市化，需要资金，需要原始积累，需要第一桶金，就从农民那里要了，请农民兄弟帮忙了。所以，别忘了，中国的现代化，中国的工业化，中国农民是作了很大贡献的。

现在提出工业反哺农业，城市反哺农村，一个基础，一个历史原因，今日反哺，是因为昨天农业哺了工业，农村哺了城市。反哺既是一种历史必然，也是一种历史道义。

也千万别忘记，最早，第一个提出，并最早实施工业反哺农业的，还在农村，在苏南农村，叫做以工补农。以工补农，是苏南农民的智慧，一在调节农村内部工农业收益的差距，支持农业的稳定和发展；二在堵反对发展乡镇工业的嘴，百年千年，有谁自掏口袋帮助农民支持种粮种地，没有，是农民的乡镇工业。苏南的以工补农，走在了国家反哺农业的前面。早了一二十年。

何谓“苏南模式”，以工补农，是一个经典含义。

灯火通明是扫盲

“苏州状元甲天下”，苏州地区农民的文化程度怎么样，也是甲天下？其实，完全是两回事。状元文化与农民文化，还有市民文化，完全是两股道上开的车。

当年，在苏州地区的八个县中，江阴农村的文化水平算是比较高的。说高，也高不了多少。我们那个村接近澄江镇，受到城镇文化的影响，经济条件好的，子弟书读得多。一个自然村，百户人家，称得上耕读人家或读书人家，仅两三户。有一户是大户，与我们家已是比较远的一族，他家的房子有四进，门槛有一尺多高，乡里称“先生大门里”，一子一女中学毕业，都在学堂教书。女的教过我语文。至今仍有烙印，我娘把织的布作学费，她折成钱交给学校，在去学校的路上，我娘把布交给她，千恩万谢。男的穿一件灰色长衫，头发三七开，光亮亮的，在外乡教书，寒暑假见过几次，小孩都怕他。他家可算做我们乡里的书香门第。还有一户，与我家很近，子弟与我同称荣字辈。他家新中国成立前就进江阴工商界，在城里开布厂，二女二子，二女小学毕业，一子中学毕业，一子上了大学，是我们村最早的大学生。就这两户，可以称做“苏州状元甲天下”的基础。

此外，占百分之九十八的农家，完全与“苏州状元甲天下”不相干。我的母辈几乎都是文盲，极少几个识几个字。我的父辈，大都读过几年私塾，小学文化程度，我父亲算是有文化的了，写得一手挺工整的字，会算账，家里有书，我在龙梢（两房顶部相交的地方）里发现了不少清末民初时印的书，我上小学时读的《三国演义》、《水浒传》，就是从那里取出来的。新中国成立前后，就是50年代初期，既受制于经济条件，也受制于习俗，女孩不读书，男孩小学毕业，大都去学手艺，学手艺不成就种田，小学毕业就算有文化的了。能识常用字，会书信，会算账，这就是农民文化，农村的文化，农民的耕读文化。现在有个说法，"苏州状元甲天下"是以民众文化水平高为基础的。其实，这是张冠李戴。就是市民文化，也与状元文化不相干，范进中举凤毛麟角，市民文化也只为了识字学艺做工，不是为了进京赶考。状元文化的基础是士大夫文化和乡绅文化。

书信往来，很能说明新中国成立前后苏南农村的文化水平。江阴东部男的大都去上海做事打工，类似今日的留守妇女特多。我们那个村东西四五里各有一镇，镇上都有代写书信的算命先生，一个帘子，上书斗大的"算命"二字，帘子下一张桌子，凳上端坐算命先生，很像孔乙己。两个铜板一封信，信封信纸他提供，信纸黄黄的，印有竖的红条格。信的开头都是某某敬禀者，语调半文半白，很简，一封信一二百字，只说事，没着一个情字。一个上午写十来封信。要写信的都是女的。我二三年级就写信，写给在上海工作的我哥，还常给不识字的婶婶伯母写信，报酬是请我吃一碗饭，包馄饨总要送我一大碗。她们说一句，我写一句。写完了，读给他们听，信交给下乡的邮差带去。我有位堂兄在上海工作，他母亲老想让儿子多寄钱回来，就说家里有什么事，要添置什么，还说自己生病。我想，堂兄会着急的，就在信上"加批"，伯母身体无病，不用着急，钱照寄。堂兄回信，信还是我念，堂兄在信中直夸我。

江阴解放了，农村最喜庆的两件事，一件是土改，分浮财，分田地，一件是扫盲，学文化。分田地，农民做土地的主人；学文化，农民做知识的主人。扫盲动员会上，工作队长挥着手说，睁眼瞎，还是翻不了身，要翻身，就得学文化。那个队长，不是本地人。

记得，天刚黑，两个村子中间的小学堂，教室里的灯一只一只亮了起来。灯不是煤油灯，还没通电，农民叫它气灯，雪亮雪亮的，灯光射进冬天空旷的田野，半里通明。一个叫矮子阿三的负责点灯，他挺有责任心，晚饭一吃，碗一放，就去点灯。我们这些小家伙，就围在他的四周，看他如何点灯。一间教室亮了，再到另一间教室点亮。我们跟着他，每点亮一间，我们就喊一次亮啦。

前后三四个村有六七十个农民来参加扫盲。一个教室二三十人，加上我们这些陪读的小先生，四个教室满满的。三分之二是女的，大多是中年妇女。老年妇女不参加，自己愿去，也欢迎，参加的很少。我娘那时不到五十岁，几个同龄的伯母、婶婶都没进扫盲班。十岁左右的小姑娘，动员上小学。我们班上就有十六七岁的同学，有辍学再来上学的。扫盲班先学唱歌，每晚都要唱“解放区的天是明朗的天，解放区的人民好喜欢”。

扫盲教师，有上面派来的，有村上的小知识分子，有小学老师。有专发的课本，还发纸笔，还有石板，可用粉笔写字。先学自己的名字，张三李四，会读会写。不准再叫什么张王氏李王氏的，要用自己的名字，没有的重起，男女平等，名字上的妇女得解放。一天学数字，百以内的加减，好像没学乘除，只学进进出出多多少少；一天学识字，天地水火，高低大小，上下左右，共产党毛主席，农村农民，男女老少，稻麦菜瓜，猪狗牛羊，江苏江阴，五百到一千字，还有顺口溜的。

许多妇女学得挺认真，晚上学白天学，做饭时学织布时学。我们同族的一位小婶婶，三十来岁，人长得很俊，与我相距十来岁，农村习俗，常自小一辈，喊我小叔。我放学在家，她常来叫我，先给我吃点东西，再问我课文，要我给她讲字的意思，与什么字连起来，用在什么地方。那时，我不过三四年级，有时也说不清。有次她问我，种田与种子为什么同用一个种字？我说不晓得，大概种田就是下种子吧，所以同用一个字。她说，小叔讲得有道理，种麦不就是下麦种，种豆不就是下豆子。她一赞扬，我挺自鸣得意的。到了大学读说文解字，读种字，方知这两个字读音不一样，一个是名词，一个是动词，种子上声，种田去声，有没有意思上的联系，是个悬案。她得了个扫盲学习模范，戴了大红花，到乡里县里开大会领奖。

每年冬天，两个月，整整扫了三到四年的盲。成绩不小，去扫盲的，大都脱盲，能识数，加加减减，家里记个账，不成问题；能识几百近千常用字，能读报，会书信。这是新中国成立以后，共产党做的一件了不起的大事，确是农民文化上的解放。二三十岁与四五十岁的妇女，明显出现了两代，不只是年龄上的，年轻的成了有文化的妇女。男的农民参加扫盲的不多，也得益不浅。20世纪五六十年代，我们村上两任生产队长，都是扫盲班毕业的。二任队长有个故事：土改时，他是积极分子，工作组想培养他，问他识不识字，他说识呀，识两箩筐。两箩筐是多少？一只箩筐装五个字，两只箩筐装十个字，十个字里有三个字是爹娘给的名字。扫盲加自学，他的识字程度超过小学，开会读报读文件，有板有眼。不会读的字，有时问问我们这些正儿八经小学毕业的文化人，有时不识读半边，一半蒙对，一半读错，文化人说你读错了，他就说差不多。有次读报，说地富反坏蠢蠢欲动，他读成地富反坏虫虫欲动。我说，哪有虫虫欲动，是蠢蠢欲动，读春天的春。他说，春天不会动，只有虫才会动。不过，他说归说，还是改正读蠢蠢欲动。

我们那个村，扫盲以后，除老年人外，再也没有生出新的文盲。50年代出了一个大学生，60年代又出了一个，“文革”后就更多了。60年代后，小学毕业后大都去读初中，乡里办了初级中学，初中生一半上高中或技校，一半就业，年轻人的文化水平，接近城镇。

人人会哼《双推磨》

日出而作，日落而息。一个作，一个息，就是农民生活的全部?有生活就有文化，就有文化生活。区别的是，不同时代不同时候不同人群，文化的内容和方式不同罢了。

在农村，一年365天，真正日落而息的，并不多。晚饭后，近亲的，谈得来的，两三人家，老老少少，团在一起，一盏油灯，围着一张八仙桌。有时有瓜子嗑，没茶水，如渴，大缸里有水，缸盖上有水勺。少不了的是抽水烟，烟筒铜制的，你一窝我一窝，老人抽过来抽过去，咕嘟噜咕嘟噜。水烟是最早的环保抽烟，用水滤去烟中杂质，大约不方便，绝迹很多年了。家常会上，什么都谈，东家长西家短，村上出了什么新鲜事儿，农村最快的传播手段。这几乎就是新中国成立前后江南农村的夜生活。

田头场头的文化，最多的是说笑话，说男男女女的事。几乎没有一天不说。农民说，不说男不说女，太阳不会落下山。今天手机上流行说段子，一个源头就是农民田头说段子。男女之事，是人类最兴奋最愉悦最和谐的事，可以理解的是，农作艰辛而单调，说说笑笑，可以解除疲劳，也是一种愉悦，场头田头的性文化。文化人会说粗鄙，农民会说人本来就是这样。你说你的《红楼梦》，我说我的《金瓶梅》。

田头场头并非都是说段子，有很雅的雅文化。我们村上有个秀才，读过许多书，休息时常给我们这些小年轻说书，说得多的，三国、水浒、七侠五义、包公、瓦岗寨。从来不说《红楼梦》，没有故事，农民不喜欢贾宝玉、林黛玉，哭哭啼啼，呒啥说头。最喜欢七侠五义，与当今喜欢金庸一回事。“江阴强盗”，说书听书也有强盗味。我初小开始接触传统文化，两个起始，一是读家里父亲留下的书，二是田头听秀才说书。初中高中语文老师都说我文笔老练，其源于此。还有一个会唱青衣的四川人，当兵出川，“招女婿”进了我们村。人长得白净，柳腰细腿，不大会种田，村民喜欢他唱京戏。种田拙，能唱戏，以戏补拙。下午间歇，田岸上农民东倒西歪，他立在田间，不用请，清清嗓子，咿咿呀呀，就会来一段。梅兰芳的名段，《霸王别姬》《贵妃醉酒》，“海岛冰轮初转腾，见玉兔，玉兔又早东升”，唱了千遍万遍，村民都会哼了。大约60年代初，吃不饱，他携妻回天府之国去了。此后，再无音讯，田头也再无“冰轮初转腾”。

说江阴传统文化，得说徐霞客得说刘天华，但也得说说酒文化。徐霞客、刘天华，一在旅游地质地貌，一在音乐创作，他们是江阴文化的代表人物；好酒喜酒，成风成俗，则几乎覆盖了所有农民。江阴出黑酒，黄酒加焦化了的粮食，称黑杜酒，味醇而甜。家家户户则酿米酒，一大水缸，黏黏的，白乎乎的，也有清冽的，似日本清酒。不少老农，早上不吃早饭，起床就一大碗酒，喝一个冬春。女人也大都喜酒，坐月子，黑酒与胡桃肉夹水蒸了吃，一大碗吃四五天，一个月子喝掉三四十斤一坛酒，说可以补身子，去污浊。常看得到，小孩立在床边，跟着娘吃浸过酒的胡桃肉。江阴小孩从小就会喝酒，说是娘肚子里教会的。江阴人豪爽，与喝长江水大碗喝酒有关。

说到苏南农村文化，就会想到锡剧，那滩簧。锡剧，推而想之，就是无锡的戏剧。怎么又称滩簧？河滩湖滩上的戏？滩簧，又称摊王、弹王，是种曲艺，江南许多地方有滩簧，有苏滩、常滩、申滩。一种说法，常州、无锡农村一带，清代道光、咸丰年间，亦即太平天国这一段时期内，形成了一种滩簧腔调，再由此衍化为滩簧花鼓小戏，而后逐步发展成为锡剧。在江苏众多的滩簧中，苏州滩簧是最早形成的。它从明代“南词”的基础上逐步发展起来，吸收了昆曲与弋阳腔的成分而最先在苏南舞台上出现。

锡剧是怎么来的，农民并不关心，江阴农民喜欢锡剧，天底下最好听的剧种，几乎人人会哼两句。这似乎与江阴农民的性格有关，锡剧不如昆曲那么文那么雅，文人气那么重，也不像越剧那么软那么嗲，柔中有刚，有阳刚之气，与说话口音相似，容易上口。流传的剧目，又植根于民间，有些是农民的故事农村的事。最红的是《珍珠塔》《庵堂相会》，唱到农民心里的是《双推磨》，村头的高音喇叭，农民嘴里的哼唱，到处听得到“推呀拉呀转又转，磨儿转得圆又圆，一人推磨像牛车水，两人牵磨像扯篷船”。农民嘴里传唱的苏小娥，待遇类似后来的阿庆嫂。

锡剧《双推磨》，1953年创作，很快风靡苏南。锡剧“对子戏”中原有《磨豆腐》《小寡妇粜米》两出戏，描写女子与长工相爱结婚。《双推磨》就是在此基础上重新加工而成。剧本描写青年长工何宜度，在除夕之夜回家的路上，无意撞翻了寡妇苏小娥的水担，帮她挑水回家，遂互相爱慕，结为夫妇。全剧唱词朴实风趣，载歌载舞，风格健康明快。1954年参加华东区戏曲观摩演出，获得好评，同年由上海电影制片厂摄制成戏曲片。

新中国成立后，农村喜气洋洋，农民自演自娱自乐，文娱活动很热闹。许多村有自己的小剧团，有演员，有导演，有锣鼓家什。当家戏目，《双推磨》《庵堂相会》，江南小调，江南丝竹，自填歌词，中心意思，共产党领导农民得解放。冬春常有演出，新年初一初二初三连演三天。江阴临江少河少湖，戏台搭在村中一个大晒场上，没有浙江农民驾船把酒看戏的风俗。傍晚，村民早早将凳子放好，占个位置，大都是老小，年轻人则围立在后面。大一点的小孩坐不住，蹿来蹿去，常到后台看化妆。

剧团演戏，没有报酬，夜宵也是自备。有剧团的村，都有几个积极分子，我们村上有两个台柱子，一男一女，二十四五岁，《双推磨》里的男女主角。他们自学成才，唱得有板有眼，演得很入戏，四里八乡挺有名气。后来，女主角嫁出村，男主角继续演。“文革”后，他组建了一个农民剧团，到外村演出。他不上台，有点像以前的戏老板。老了，他能唱不能走动，剧团散了。苏南农村，没有出赵本山，这是为什么？

江阴人喜欢锡剧，江苏名角姚澄、王彬彬，家喻户晓。每来演出，剧场爆满。姚澄，江阴人，老家姚家村，在我们村北四五里。有一年春节，她从江阴城回老家，狭路相逢，我们都避进麦田给她让路。她穿一件黑呢大衣，烫了发，长发披肩，对我们让路笑了笑。她走后，村上人说她是姚澄。农民都欢喜她，也引以为荣，江阴出了个名角。

现在“文风”变了，农村与城市差不多，家家晚上看电视，田头也没有了大喇叭，听不到推呀拉呀转又转了，少有老人听收音机，偶可听到无锡江阴的地方电台在放锡剧。

拆了城墙修猪圈

中国的城墙是谁拆的？农民拆的。农民起义拆了城墙，新中国成立后进城当了主宰的农民拆了城墙，城乡交界的农民拆了城墙。拆掉了的是泥灰、砖石，泥灰、砖石里是历史是文化。

城墙还有一面，是城乡分割的标志。农民拆城墙，想打破分割。

我们那个村与江阴城，相距不足十里，步行一个小时。新中国成立时，江阴的城墙还相当完整，称不上巍峨，也算雄伟。四座城门，一围城河，黑白相间的城墙，长江奔腾于后，黄山立峙于东，同样是虎踞龙盘。抗清81天，宁死不降，江阴城有英雄气。

江阴城墙留下来该多好。可是，新中国成立后几年就拆了。

我记得，我们村上许多人家屋里早就有城砖了，我家里也有。城砖比普通墙砖大得多厚得多，一块抵几块，估计要五六斤重，有青灰色，有青褐色，上面还有字儿，给人一种厚重感。新中国成立前，城墙就开始拆了。不过是偷偷摸摸的，零零碎碎的，大都进城顺手牵羊，箩筐里放几块，还遮遮掩掩。听说，有过告示，不准拆城砖，被抓住要吃官司绑在城门口。没有看见谁被绑了示众，城砖照拆。

新中国成立之后一两年，无人拆城砖。后来听说城墙迟早要拆掉，城外十里八乡的农民就堂而皇之去拆城砖了。两条理由，影响交通，城乡分割，这是政府说的。农民说，城墙是用来打仗的，现在不打仗了，用不到了。从心底里，农民是欢迎拆城墙的，农民对城市、对城里人有一种排斥感，潜意识里，认为城里人看不起乡下人，城墙就是城市、城里人的标志，解放了，农民翻身了，城墙就要拆掉它毁掉它。我们大学同学四十年后相聚，说到城里的女同学与农村的男同学有距离，有说有有说无，不管有无，这个印象还是有的。不要说四十年前，就是今天还是有，城乡差距不能抹杀。对拆城墙，农民是从心底里赞成的。

新中国成立后一两年，我们村上刮了一股风，到城里拆城砖去。江阴女人不下地干活，在家纺纱织布，恪守男耕女织。自然，拆城砖，都是老少爷儿们干的。带一把洋镐，或旧的切菜刀，一根扁担，一副绳索，大摇大摆上城去了。真的无人管，城里人只当没看见，或许城里人乡下人有了共识，城墙该拆，那是封建的东西。

多年风化，城砖还是那么坚硬，上面的黏合剂已酥松，用刀一铲一敲就剥落下来。也有粘得很牢的，砖断了，还是黏合在一起，粉身碎骨不分离。据说，黏合剂是用糯米汤与石灰熬出来的，与水泥可以相媲美。一座城池，要用多少糯米。一次，最多挑 一二十块，一两个小时就满载而归。一百多斤，七八里路，一个多小时，中午到家。满脸通红，满心喜欢，衬衣湿透，像挑了担金砖。

就几个月，一座几百上千年的城墙，就拆成了断垣残壁。好像城门没有拆，孤零零的，城里人，乡下人，还从那个圆洞门，进进出出。具体哪一年，记不得了，大约1958年，或之前，政府下令，把城门也拆了，城基也掘了。从此，江阴有城池（城河）无城墙了。有没有人反对，不得而知。千年古城，弹指一“毁”间。

农民拆了城砖干什么？农民是讲求实际的，大多用来修猪圈。村上多数人家屋后有披房（主房之外搭出来的小屋），堆放稻草和养猪养羊。城砖就在这儿派上了用场。替城砖想想，挺委屈的。古来争战地，今日成猪圈。多年之前，说起此事，世上的猪圈哪里最高级，我们那儿最高级，是秦砖汉瓦造起来的，可谓历史猪圈，养的该是文化猪了。

“文革”之后，我在苏州市委办公室做秘书，常参加各种各样的会议，有关城建的会上听到了拆苏州城墙的事，感到了一种前所未有的负罪感。苏州的城墙该不该拆，有过激烈的争论，上海的陈从周坚决反对，专家的话起不了作用，陈从周怒发冲冠，拂袖而去。领导们都说，拆城墙拆了历史，毁了文化，悔之晚矣。江阴城墙，我是参与拆的，罪过，罪过。

城墙该不该拆？我的思想在反反复复，几十年后得出了一个想法：作为历史，古城墙要保护；作为一种思维方式，城墙思维要拆。我写过一篇《又拆城墙》的短文，记述了这种想法。

残缺的城墙留下来的，是破砖，是糯米粘起来的石灰，是历史，还是一种思维方式。

江阴的城墙，不能和苏州的城墙比，但也有悠久的历史。

世上亲手拆过城墙的，可能很少很少，我却“幸运”地动过手，拆了江阴的城墙。那时，我与村里的农民一样，并不感到这是在破坏文物，在拆历史。

开始有负罪感，是二十年后在苏州一次保护古城的会议上，听一位专家慷慨激昂的发言，说苏州的城墙被拆掉是无法弥补的损失，现在要全城保护，何处觅城墙？他两手一摊，我也看看双手，我不是也拆过城墙么。城墙是不该拆的，尤其是历史悠久的城墙，有历史价值的城墙，是不能拆的。一种负罪感缠了我好一阵子。

说也奇怪，有时对一种事物的感觉，几十年后会回到原来的起点。城墙，就是这样。最初拆城墙是为了交通，便利进出，拆掉城乡之间的阻隔，是城乡之间的一种开放。尽管那时没有这么说，县里的领导和村里的农民都认为城墙该拆。乡下人一直为城里人看不起而耿耿于怀，拆了城墙盖猪圈看你城里人还神气个鸟。前年到昆明去看世博园，看了几十个国家的园林展出，再看苏州的、京派的、徽派的，一种雷同感不由冒了出来，外国的都是敞开的，中国的都是用墙围起来的，不由醒悟，围墙、城墙是一种文化，一种思维方式。中国这种把自己包起来的文化，围起来的思维方式，是不是也该破一破、拆一拆了？这不又回到了几十年前拆城墙的起点？

后来，我又到过西安，华灯初上，爬上了中国历史文化最具见证的西安城墙。站在可以并排开几辆汽车的城墙上，只觉得历史的深邃和沉重。城墙是见证，是历史，是文化，它原来的作用已大江东去。今天我们保护它，是保护历史，保护文化。城墙留下来的还不只是这些，城墙还是一种思维方式，一种圈式思维，防守思维。春秋以降，中国的圈式思维时间够长的了。一位朋友对我说，他一生想的都是防范，从不考虑出击，碌碌无为，在城墙里过了一辈子。

现在，对城墙，也许可以说两句话，城墙要保护，城墙思维该拆。

现实往往会与历史靠拢、衔接或重叠在一起。

征地之后，我们那个村向西移了五六里，靠近了城河，与原来的城墙更近了，成了城市新村。

城墙扒了之后，在上面筑了路，成了一条环城马路。一条路，一条河，河两面绿树掩映，浅草青青，成了带状公园，人们晨晚的休闲与锻炼之处。城市不断向外扩展，尤其是城北城东，辟出了新区，城北已与长江相接，从长江大桥俯视，江城一体了。城河已是很难看到，成了内城河。

今日的人们行走在车水马龙的内环城路上，很少有人会想到，他的脚下曾经是高高的城墙。

我们那个村拆了，修过猪圈的城砖，今在何处？

长的是村庄竖的是房屋

土地记载历史，村庄、房屋贮藏历史。记载的是人与自然、生产的关系，贮藏的是人生存、繁衍的过程。

我们那个村始于何时，无从考证。留下来的历史印记，有一年生产队将一块村中的菜地做晒场，翻出了很深的地基，以及大量瓦砾、石础。据传，晒场曾是个大转楼，烧掉了。晒场西有几间低平房，是祖宗唯一留下的马厩。

江阴的村庄，一字长蛇阵，里把长。我们那个村，中间有个塘，分成两个小的自然村。小的自然村，又分成两个生产队。

村东一个生产队，几乎一字长条，一户连着一户，多数人家东西合一堵墙，少有分开。分墙的，也挨得很紧，比城里的一人弄还挨得紧，侧身而过，抬头有一线天的感觉。村西一个生产队，分成两条，前一条，后一条，中间是宅基地，有树木，也种菜。屋前是晒场，每人家一块，50年代是泥的，后来是砖铺的或水泥浇的。村后是一片自留菜地，再后面就是粮田。

也算是江南农村一景，村后菜地与粮田间有一排埋在地里的粪缸，每户一只。农家肥的一个来源。江阴农村屋后没有厕所，男女分开，女的在家用马桶，男的上粪缸，早上一景，男的蹲粪缸，抽烟说闲话。我上了大学，寒暑假回乡，也同样如此随俗。1963年在南通搞社教，看到那里男女同厕，说说笑笑，大姑娘若无其事，吓了一跳。

村有村规，族有族规。没有记载，约定俗成。婚丧喜庆，一族人都参加，既帮忙，也吃喝。大都全家参与，有时只有夫妇。不用请，说一声就可以。照例要互借八仙桌、长凳、碗筷，还要借堂屋摆酒席。村前村后怎么走，也有规矩。我们那同一个祖父的小家族，十来户人家，平时可以东西横了从门前走，丧事只能由后朝前走。记得50年代初，我的一个堂兄病故，棺材就是穿过前面同族一家抬出去的。这个规矩，后来破掉了。

可以看做江南富庶之地的一个标志，我们那村没有草房，全是瓦房，灰黑的瓦，白色的墙。房屋不算高，大门不会超过三米，开间相当宽，进深也长，一间要十多米。几乎全是平房，大都有阁楼，放盆桶、农具和其他杂物。还有相当隐蔽的"龙梢"（屋与屋相交之处）。新中国成立前后，我在"龙梢"里找到一部用木箱装的家谱，还有好多本清末民初出的线装书，成了我的启蒙读物。非常非常可惜，"文革"中当做"四旧"，家谱被付之一炬。

江阴农村的房子，都是砖木结构，外墙用从山上采来的黄石砌成，相当厚，50年代之前，很少用砖。内墙也不用砖，用一种叫"土基"的泥砖砌成。我做过几次土基，先到田里或岗上采泥，再把泥捣碎，去掉草茎之类的杂物，将泥围成内低外高的圆圈，中间放水，拌成半干的泥浆，类似宜兴做瓷器的坯子，把泥坯放进木制的框子，再把坯泥塞紧撸平，提起框子，一块泥砖就做成了。土基阴干，砌成墙，外刷泥灰，再上石灰，外表与砖墙别无二致。缺点是，遇到水要化而倒掉。到了60年代，废而不用，启用砖墙了。

一半人家的房子进深都相当深，一进二进三进，进与进之间是天井，两边是厢房，大都是厨房。大户人家进门是轿厅，平时轿子挂在房顶；中间是客厅，两侧是卧室；三进，有做厨房，也有堆放杂物农具；全村最大一户有四进，做碾米房；大都人家屋后有披房，用来养猪。我家也有三进，但只有大半边，另半边是堂兄家。全村最好的房子有两家，一家是同曾祖父的堂兄家，是楼房，卧室全是地板，内墙也不是土砖，用木板，他家是资本家，在江阴城里开布厂；另一家，在村前的田中，像个小庄园。

像时间停滞似的，时针定格在“5”上，20世纪五六十年代，全村的房子都没有动，修补而已。一进入70年代，十年间，至多至80年代中，全村房子翻了个遍，翻成了两层三层的楼房。

显而易见，五六十年代，即使素称富庶的苏南农村，农民能吃饱穿暖就算不错，不可能有积累有余钱用来翻造房屋。进入70年代，尤其是“文革”之后，村办队办乡办工业发展起来，劳力逐步向非农产业转移，即使不进乡镇企业，活路多了，搞运输做买卖，进钱的机会大大增加。五年至十年，多数农家有了翻造房屋的积累。

第一批翻造的楼房，大都比较简陋，砖墙上加楼板，内部几乎没有装修，水泥地，墙壁刷白而已。那个样子，俗称“火柴盒”，楼体方方正正，中间是客厅，楼上是卧室，后面有个小园，两个厢房，一边养猪养鸡，一边烧饭堆稻草。这样的式样，苏南农村几乎千篇一律。80年代后期、进入90年代，条件好的人家开始第二次造房，无论式样、面积、内部装修，也城市化了，有点像小洋楼。我们那个村，第二次翻造的不多，大都是七八十年代的“火柴盒”。

我们那个村造房，没有好好规划，谈不上科学、美观。就是在原来的宅基地上，分成三四行，一户一户自己翻造，有两层有三层，门口有个晒场，村内道路也没铺设，不能与不远的华西村、苏州的长江村、蒋巷村相比。基本如此，村的集体经济如何，村的组织状况如何，决定了村的面貌。

农民一生两件事，养儿育女，造房子。一根梁一块砖一片瓦，都是心血，辛苦辛劳都在内。建筑材料，不像现在，只要有钱一个电话可以送上门，那时有钱也买不到，尤其是钢筋水泥。托人找关系，求爹爹拜奶奶，不论价格买到就好。苏州有钢铁厂有轧钢厂，村上人来找我，不论是谁，你得尽力买到。好在那时我在市级机关工作，不看僧面看佛面，很少吃闭门羹，半吨一吨总给你解决。后来两种价格了，计划价买不到，比市场价便宜一点。每次，我进厂找厂长，他们立在厂门外，一见到厂长签了字的条子，总是千恩万谢。开后门，找关系，其间也有一声长叹，如有人写“后门传”“关系学”，千万别忘了写农民和普通百姓的无奈。

一个村也有五六户没有翻造房屋的，两种情况，一类，实在翻造不起，一类，全家离土离乡进城了，留下的老屋。前一类少，后一类多。我同一曾祖父的两个堂弟，她奶奶我叫她三婆婆，一矮小，一弱智，未结婚，有三间老房，年久失修，几近倒塌。到了80年代中期，村上出钱，给他们翻造了两间。

2007年，我们那个村，土地被征用了。一月之间，全村数百幢房屋哗啦啦推倒了，拆了。而在江阴长江大桥引桥旁，又呼啦啦竖起了一排排整齐的新房。房迁了，入城了，成了“城中村”。

生产队里开大会

天上落雨，队里开会。农民常说，国民党税多，共产党会多。开会，男女老少，聚集一起，商量队里的国家大事。

生产队，现在称之为村民小组。在六十年中，它存在了二三十年。大队原来没有经济，有政无经，此后有了村级经济，联产承包后，生产队解体，最小的经济单位是家庭，农村曾经有过的，最基层的政经合一的组织，是生产队。生产队是一个家庭，各家各户是成员，还有一个队委会，队长是家长。队长行使职能，最基本的形式是开大会。

刚解放的时候，那时还没有生产队，村里开会指的是自然村，有大有小，最多的是小村，也叫村里开会。几十年，开会最多的，数不清的会，是队里开会。共产党行使领导职能，国家行使职能，在农村，落实到千家万户的，也就是生产队里开大会。

一开始，开会可是个新鲜事儿，说今天晚上开会，每家每户都早早吃了晚饭，当家的，以男为主，拿了个小凳子，到会计家找个地方坐下。当时还没有生产队办公室，也没有会计室，只是后来的会计家房子大。女的要参加，也没人反对，大多站着，倚门而立，常是晚来早走。小孩坐在大人身上，不准蹿来蹿去，会没开完，睡着了。年长的，抽旱烟，也有咕噜咕噜抽水烟的，一屋子浓烟密布。

农村的会也有个程序，先是队长发话，说今天开什么会，三言两语，把要做的事说了，就说大家说吧。接着，冷场。大家等着年长的有身份的先说，再会计说，再女的说，个把一两个，小青年几乎不说话。其间，队长不发话，听着，有时不耐烦了，就打断别人的话头，常是一句话，你的尿这么长。每次会几乎都有争论，有两三个老把式，他们的意见左右着会议，各自代表着亲近家庭的利益。队长心里有数，常做平衡。许多会没定论没结果，等队委会商量再说。一件事情，常开两次会。

烙在我脑子里，不会消退的两次或两种会，一是定成分、分田地的会，一是记工分定底分的会。

当初，村民对定成分所起的作用，对一家子对子女生活、前途的影响，可以讲不甚了了。1964年，我读大学时参加江苏省委在句容搞的社教，同学家庭出身“不好的”，就不准参加。影响可见一斑。大家对评什么成分，有点无所谓，几乎在中农与贫农之间，说你是什么成分，就什么成分，依据就是土地和人口的多少。其实，贫农、下中农，中农、上中农，还是可以划进划出的，在政治上贫下中农比中农上中农硬得多，一声“我是贫下中农”，犹如今天的老板总经理。后来知道，在我们那里，或许在苏南更大范围，成分往上不往下，有多划地主富农的问题。

最吸引村民的是分田地分浮财。会上也发生了争执。一个村民小组里，有一二十亩地可分，大家心里清楚，地有远近、土质有好差。而分多分少又不一样，不可抓阄。一次分不下去，二次分不下去，工作组采取好差远近搭配的办法，分了下去。农民为了自己的利益，可也是寸步不让的。那个会，下午开到晚上，开了十天半月。分不到地的人家也参加，无一缺席。开会如此热心，以后很少见到。

合作社建立之后，工分怎么记，农民分配的大事。户户关心，人人关心。我有四五年直接参与其间，是其中的一分子。开始，晚饭后天天开会，工分每天评每天记，队里有个大账本，每人有个工分本。一天完成多少作业量，你做了多少，给你记多少工分。作业量怎么算，怎么折合成工分，高等数学也难算清楚，只能大概大体合理。比如，割一亩田麦子，工作量是多少，插一亩田秧又折合成多少，技术成分占多少，就没有很准确的天平。劳力又个个不同，技术、能力、勤奋、偷懒，也很难衡量。多数人记多少是多少，实在出入大的提出来；有几户就顶真，占便宜不响，稍有吃亏就争吵。几乎天天晚上九十点钟，评工分才结束。

不知谁想出来的办法，以简化繁，评底分，记出工天数。一年评一次底分，以底分换成总工分，乘上一个工分值，得出总收入。出工数，在记准，一般少有上下，底分多少，就影响很大。所谓底分，就是把劳力分成三六九等。你做一天是十分，我做一天五分。每次评底分，又是生产队里开大会。会上如临大敌，空气凝重，个个一脸认真。评的办法，还算民主，自报互评。我感觉，大体合理。那时，强调男女同工同酬，青年妇女的底分，男劳力的八折九折。我们五六个小学毕业后的小青年，叫“半劳力”，底分一半，五分。年年加一分，到我读初中时，已加至八分了。初中三年，农忙停课，我的底分加到九分。

确实，事情都有两面。记底分，大大简化了记工程序，不用天天评工分，可以讲是一种解脱。但是，评底分记天数，过于简单，排斥了绩效，出工不出力，大锅饭，也埋入其中。底分已定，变数就是出工天数，农民脑子里记着的一年出多少工。至于劳作质量如何，收成如何，说不关心也关心，远不如一年做了多少工分那样着心贴肉。这也可以讲是农民的局限，包括农民的自私。毛泽东所说严重的问题是教育农民，可能也包括农民的局限在内。实践表明，一种生产方式 、一种考核方式、一种分配方式，都要有与之相适应的思想观念，责任是少不了的，责任不落实，再好的方式制度都会走向反面。

说大呼隆大锅饭与生产队、合作社、公社化体制的解体，有关系，是根本原因，可能还不是。起码苏南是如此。生产队里开大会，表面是开会，会的实质是地方领导。我所见到，包括做过几年小农民，共产党、地方行政对农村的领导是强有力的，直至田头，种什么品种施什么肥，粮食产量也是高的。大呼隆大锅饭有破坏作用，远没有影响到田种不下去粮打不上来。一个时候的宣传夸大了，生产队体制解体是必然的，一在农民种田没有责任，没有自主权，二在土地与劳力与人口的矛盾突出到难以维持的局面，是农民寻求新的生机冲破了生产队所有制。

生产队开大会，最后一次高潮，最后一次辉煌，在实行家庭联产承包，再一次分田分地。村上人对我讲，把田分到每家每户，足足有半个月，几乎天天晚上开会。先是读文件，讲精神，弄通为什么要包产到户。说农民不重视吧，还真重视，地怎么分，挺顶真的，有块地在别的村，就没人要；说十分重视吧，也不见得，与土改时寸土不让，差远了。居然有两三户提出，只要口粮田不要承包地，理由是男劳力出去了；要想多种承包地的，也只有两三户。方案讨论来讨论去，统一不起来。队长说，民主个屌，讨论到大年夜也一致不了，还是抓阄好。口粮田以人分，责任田以劳力分，田好差远近一分为二，谁抓到就是谁的，以号码为准，再定田多田少。所以，家家有两块地，就那么半亩一亩地，鸡零狗碎。我一听就笑，农民真伟大，搞平均主义比谁都内行。分地时，大家悄无声息，会计拿着账本，几个小年轻拿着皮尺，先量竖的再量横的，也是在地上钉上一块牌子，写上家主的名字。

村务公开，账目上墙，作为一项制度、农民的民主权利，20世纪80年代开始推行，其实，账目上墙早就有了。好像有两次，小熟一次，年终一次。先开社员大会，口头公布，再上墙。账目很简单，做多少工分，折合成多少钱，付掉多少口粮、柴草钱，余缺多少。

20世纪80年代，生产队更名村民小组。村长叫村主任。此后，村民小组很少开会，会越来越少，几乎不开。村民反而牵挂开会，说：什么时候开过会记不得了。

墙上画"正"选队长

选举，选村里队里的当家人，应属农村最大的事儿。农民看得见摸得着的切身利益。若说民主，是最基础的民主。若说村民自治，是自治的核心。

2001年9月5日，前美国总统卡特来到昆山周庄，他不是来欣赏小镇风光，而是专程去看村民选举的。他们认为，村民选举是中国民主之始。这个想法，未必靠谱，可以说明，外界对村民选举的看重。

六十年中，两至三代人，不同的文化背景，不同的态度，不同的选择，一条轨迹，农民在觉悟，农村在前进。可以感受到，农民的自主意识在确立在强化。

刚解放时，农民确有强烈的翻身感，尤其是地少的贫下中农，天下是他们的，可谓趾高气扬。村上有个打长工的单身汉，常敞了怀，一天到晚嘻嘻笑笑，从村东走到村西，成了土改积极分子。得意之时，透出他会做村长。长工做村长，以前想都不敢想。

那时的村，比现在的行政村小，比生产队大，两个生产队一个村，六七十户、两三百人。村长不是选的，是乡里委派任命的。村长不在我们那个生产队。不是贫农，是下中农。他有点文化，是我的父辈，在村民中还挺有威信。有个女儿，大眼高挑，是个文娱积极分子，会唱锡剧，嫁人之后，就不知音信了。

后来村成了合作社，先初级社后高级社，也就几年；再后来改成生产大队、生产队；再后来又改成行政村、村民小组。时间最长的，与农民利益最紧密的，是生产队。选队长，与选村长村委会主任，村民眼中并无二致。差别在大队长要上面批准，生产队长村民直接选举，任期一年，不合格村民可重选。生产队是生产核算单位，农民最看重的还是选队长。

具体哪一年开始选队长，记不清了。第二任队长是选的，包括两个队委，一个会计，一个妇女队长（可能还有副队长和治保主任），没有差额选举。名单是公社和村里提出来的，村里为主。记得村长，就是大队长，挨家挨户问过，你想选谁，谁做队长、谁做会计、谁做妇女队长，蛮有民主味儿。意见不同的，主要在队长。会计，明摆着，原来的会计大家都信任，也只有他能做账。妇女队长，原来的也不错，不用换掉。第一任队长老实，五十多岁了，说他工作缺少魄力，改年轻一点的。村民提了两三个候选人，意见不集中。村里选了一个，让大家来选。说穿了，是大队长看中的。

村民嘴上说选队长村里公社说了算，其实还是挺关心的，想按自己的意愿选。我们那个队，二三十户人家，有三至四户外姓，其余都姓徐，姓徐又分成四五支，家族观念不强。邻居间亲疏还是有的，常以亲疏形成看法和意见，对村里队里的事是赞成还是反对，一个能说会道的讲，背后代表三四户、五六户人家。农村有晚饭后几家人家，老老少少集于一家，讲夜话的习惯，日出而作，日落而息很少，农忙干活，农闲说话。那几天，白天晚上说的都是选队长，要是谁就选，要是谁就不选。

最能左右队里形势的，还是几个老把式，岁数五十出头，种田一把好手，村里族里都属长辈，队长决定事情常要听听他们的意见。夜里，队长串门了，大多是上门请教，今天称为统一思想。他们有意无意放出风来谁做队长。其实，几个老把式意见也不一致，明显也有亲疏。公社和村里对他们的意见，格外重视，专门请他们开座谈会。他们是我们队里，乃至村里，老一辈的无产阶级革命家。

选队长那天，村子里弥漫着不安，毕竟是件大事，谁能当选，又说不准。尤其知道自己是候选人的队长、会计、妇女队长，更是又高兴又不安。选举在会计家门前举行。会计家门前东面是一长条房屋，西面是一片晒场，可容上千人。我家与会计家并排，在向西的一长条上。在会计家门前向东的房屋上，挂了一条红布横幅，上书“选举大会”四字，横幅下面贴了一张大红纸，写上三个候选人的名字，用毛笔写的。村里公社里都有干部参加，大队长主持。

吃过中饭，晒场上已立满了人，可谓倾巢而出，老老少少都出来，邻村邻队也有人来看热闹。有选举权的村民坐在凳子上，自己家里带的。大队长先讲了几句话，讲了选举规则，讲了三个候选人，说候选人是按村民的意愿提出来的，村里公社也作了考察。若有候选人还可以提。后来听说，有村民想提，还是没有提。每人一张选票，同意的画圈，不同意的打叉。不识字的，记住，第一个是队长，第二个是会计，第三个是妇女队长，他们都立在前面。公社里有人在这儿，可以帮你画圈打叉。还宣布监票的、报票的和计票的。我与另两个初中生计票，就是在名字下画正。报票员报一票，我们画个一，上百双眼睛盯着。三人名字下面，一个正一个正，一长条。

选举结果出来了，还是大队长宣布，三人全部当选。会计全票，妇女队长少了两票，队长少十多票。好像队长没有表态性的讲话，村民也没有与队长三人对话，提出什么要求，队长也没讲有什么施政纲领和发展规划，只是给村民鞠了一躬，谢谢村民的信任。公社来人，最后由他讲话。两个意思，队长要好好工作，村民要支持队长开展工作。

那时，村里的选举也大体这个样儿，上面定候选人，村民投票，没有出现选不上和罢免重选的事儿。从村民言谈中，可以听出，老队长老村长工作勤恳，工分大半是自己做出来的，尤其是队长，也参加农活，少有占村民便宜的，更无欺民霸村。村民还是记着他们。说到华西村，说到吴仁宝，村民们就摇头了，他们说，相差太远了，不可以比。不过，他们也说，华西村全国只有一个，像我们村这样的村千千万万。他们在说，选举不能解决一切。村里还得要有人才，有能力又愿意为村民服务的人。

近十多年，村民选举普遍而常态了，听村民说，有差额选举，引进了竞争，也有了对话、施政演说等一些新的内容。还说，现在选举不如以前“太平”，争得厉害，小动作多了。

在昆山周庄镇全旺村选举结束后，卡特总统接受了中外记者的采访，他说了这样的话：1981年，作为邓小平邀请的客人，他第一次来中国了解家庭联产承包责任制，那时，他认为中国的村民不可能有机会选出自己的领导者。但现在中国八亿农民正在享受着法律规定的各项权利，依照法律选举他们满意的村领导，选举不仅自由公正，而且广泛推行，这表明中国的民主进程发展很快……对村民来说，他们更关心的是村主任的人选，通过民主选举，村民们可以掌握自己社区的未来。我们在全世界范围内看到，随着人们可以民主选举出自己满意的领导时，各种社会不稳定因素大大降低了。现在村民可以通过和村干部面对面讨论，解决各种问题，同时抑制腐败现象的发生。

卡特的话有道理。但他不清楚，村民选队长早就有了。

路漫漫其修远兮。我与村民交谈过，他们对村主任的选举，并不是像外界想象得那么热情，他们说，谁当都可以，只要办事公正就好，吃饭还得靠自己，民主不能当饭吃。

赞成与不赞成之间

农民对村子拆迁赞成不赞成？怕不能一言以蔽之，赞成或不赞成，这要看什么人、对什么而言。大多是，有赞成的方面，也有不赞成的方面，还有无所谓的。最后总是赞成。

五六十年间，从土改到征地，农民对自己命运的认识，有变化，大体还是听政府的，听共产党的。有变化的，只是程度不同。农民始终把村长、乡里、镇里当政府当共产党。

我们那个村子要拆迁，土地要被征用，消息早就传出。从有消息到正式拆迁，有十来年。20世纪末，就有动作了，江阴工业园区，或者叫开发区、新区，就在城东建立了，一年一年向东扩展。至2007年明确拆迁，大约三分之二的土地已成了厂房。村与厂房之间有块地，已不种庄稼，撂荒了。那个塘还在，是填是留，等待判决。

土地征用、村子拆迁，与农民直接利益相关的，有两块。一块，土地没了，生计何着。论理，这一块与农民生死攸关，应是最关心的，实际并非如此。农民最关心的是第二块，房子拆后的补偿。赞成不赞成、产生的矛盾和摩擦，主要在第二块。

五六十年间，土地关系发生四次大变革，农民对土地的热情，不是递增，而是递减。土改，耕者有其田，农民山呼万岁，兴高采烈；合作化，多数农民拥护，拥护而不知前景，憧憬共产主义，二三十年，温饱也没解决；联产承包，分田到户，农民对土地的收益，已彻底明白，种粮不赚钱，要口粮地，不要承包地，土地在农民眼中可有可无。

在这样的大背景下，只有极少对土地有深厚感情、困难时期饿过肚子的老农，对土地有依恋，不很情愿土地被征用，但也无人激烈反对；中年人、年轻人向往农民成市民，向往过城里人的生活，土地被征用，举双手赞成。问了一个又一个村民，都是两句话，田呒啥种头，不同意征地又怎么样。

对土地征用之后的生活来源，农民还是定心放心的。开始，2000年之前，征地有补偿金，包括青苗补偿，按劳力、农村人口分到各户。我有个侄子，单身一人，一次分到六千块。若仅这点补偿，农民就有后顾之忧，养老无着。2005年，我受《长三角》杂志所约，对土地征用后的补偿到江阴作了调查，看到了有关文件。应当说，农民对土地征用之后的生活补偿，还是比较满意的。老年农民一个月有两三百块钱的养老金，相当于城市的低保，基本生活有了保障。从根子上结束了“养儿防老”。即使不征地，苏南农村普遍实行了养老金制度。在苏南，发展乡镇工业是首创，实行养老金制度也是首创，其意义都是划时代的。

农民有意见，发生碰撞和摩擦，集中在房子的拆迁上，拆迁又集中在补偿上。愿意进城，成为市民，但不愿拆迁房子，这是多数村民的想法。成为城里人，20世纪农民想都不敢想，想了也没用，只有上学参军提干才有可能，现在请你进城，哪有不进城之理。问题是，好不容易造的房子要拆掉。房子算不上高档，几乎家家是楼房，一家一幢，使用面积在三四百平方，宽敞而实用。

六十年，江南农民千辛万苦，得到了留下了什么？就是几间房子。一生心血，毁于一旦，即使补偿到位，谁都心疼。拆迁虽有补偿，也很难说到位，多数人家可买的拆迁房，比原有住房面积减少了，有的不及原来的一半。还是那句话，农民还是识大体顾大局，支持城市化的，一户一户在拆迁协议上按了手印。有几户迟了几天个把月，没有出现真正顶着不拆的“钉子户”。

有一户顶了一阵子，不能说他没有理由。他是搞建筑的，懂技术，同样三层楼房，比人家造得高，建材、房子质量，都比人家好，但折算的价格却是一样的。不提价，他就不签字画押。拆迁方也坚持，政策上没有这一条，瓷砖论块，木头论根，不论原来的价。铁了心，也没办法，拆迁方只好让步提价。先小提，再多提，七不离八了，签字了。同样的人家看在眼里，签字画押了，房子拆了，不要说嘴上提意见没用，躺在地上也没有用。农民说，干部也是欺软怕硬。农民常把当地政府、乡镇干部与共产党画等号。这也难怪农民，眼见为实。

为了多得一点补偿，拆迁之前，有些村民确是千方百计，钻政策规定的空子。听说猪圈贴瓷砖吗？有也很少。拆迁时，瓷砖是按块算的，不论在卫生间还是在灶间，还是在猪圈，一块一个价。农民就去买劣质瓷砖，把猪圈、卫生间、灶间，四周都贴上。自留地、宅基地上的树木，也以棵计，不论大小品种，一棵一个价，农民到花木市场买最普通的树种，房前屋后都种上，美其名曰绿化。一般每家屋后有两个附房，一个用来做灶间，一个用来养猪。也有一些人家没有附房，就重新造附房，增加房子数量。所用建材都是劣质材科，勉强成形而已。

在拆迁之前的一两年里，村上造了四五处新楼房，有的在老房上翻造的，有的是新造的。极个别是老房没有翻建而建造的，多数是人已迁至江阴城里，户口不在农村，知道要拆迁，回来新建的。这些新楼房，都是造个样子，等待拆迁。具体的拆迁政策因时而变，原来，只要村上有房，不论农村有没有户口，以房论价补偿；后来，户口不在农村的，只有旧房才能补偿，造的新房没用，只能补一点材料钱，翻造的工钱白搭。拆与不拆之间，就进行较量。最后，还是房主败下阵来，没有政策依据。拆迁方，真怕的是农民，户口在城里的一点也不怕，只多给一点钱。

有五六户人家，祖上留下房产，作为遗产，无论在农村的后代，还是在城市的，都有权继承。但大都没有分割，都由在农村或在江阴城里的后代所有。有的在外地的后代并不知情，有的不想要，有的想要拿不到，拆迁方明知里面有纠葛，为了尽快拆迁，只当不知。矛盾留着，自己去解决。

按有关规定，安置房造好后，才能拆迁。实际很少这样做，给一笔安置费，自己去投亲靠友，且时间在一至两年。为了尽快拆房，按时搬走的，给以一笔奖励。表面是另外加奖，实际是羊毛出在羊身上，奖励来自征地补偿金。

拆房的速度令人惊叹，人刚搬走，拆房立即开始，先把房推倒。拆迁、安置，基本上成了一种商业行为。政府只负责征地，制定有关规定，“躲”在后面，拆迁交给个人承包或私人开的拆迁公司负责，由他们冲在前面，打头阵。公司追逐的是利益，只要村民搬走，往往无所不用其极。有的地方出现人命，根子就在这里。

一两个月，几百年上千年形成的村庄拆掉了，人迁走了，农民愿意也罢不愿意也罢，都没有用，事实上农民只有选择同意，按上手印，这就留下了一个大问号：几千年才真正实行的耕者有其田，有没有法律保护，农民能不能真正按自己的意愿做出选择？还有一大问题留着：都不想种田了，田谁来种？

村民

队长会计列传

田头场头也有权力。一个国家最基层的权力。权力之上，连接苏州南京，直至北京；权力之下，连接农民田头，直至春种秋收、粮草分配。这个权力的标志，就是队长会计。

生产队，后来的村民小组，称不得最基层的政权，至多是农村基层政权的派出所。生产队与村民小组，在过去的六十年中，大体各占一半，或许生产队还年长一点。论与一家一户，论与农民的关系，最密切的，还是生产队，还是队长会计。吃喝拉撒，他们都管。人称，队长是"皇上"，会计是"宰相"。

20世纪50年代的前三四十年中，队长会计都不是选的，是合作社（后来的大队）委派的，很可能经过公社（后来的乡镇政府）的批准。三十多年中，我们那个生产队，几十户人家，有过三任队长一任会计。一任队长十多年，会计从无换过，从无走马灯，从无你刚唱罢我登场。

我们那儿家族观念并不强，不存在有些地方出现的同姓同族的人把持村务和选举的情形，三个队长一个会计，两个是外姓人，几十户中仅有的外姓人。几十年中，常有纠纷，起因却与家族观念无关。全村人，老老少少，对队长会计都很尊重。

第一任队长，我与他共过事：一起种过田，是他手下的半个兵。不拘言笑，有点威严。新中国成立时，已近半百，应属父辈。互助组就做组长。种田有技术，有点文化，能读报算账。做事还算公道，互助组时，很少先种自己家里的田，常常是最后一个种，夫妻为此争吵。村民都服他。初级社做了两年队长，年龄关系，就让贤了。

第二任队长，人长得不高，五短身材，常嘻嘻笑笑，没有威势，村民小孩都不怕他。不识几个字，扫盲班毕业。做队长时有四十岁，干活技术一般，气力也不大。印象最深的，敞开的胸前常挂一只铁皮口哨，走路时左晃右荡，一年到头哨不离身，小孩不许吹不许摸。大早起身，吃过早饭，七点来钟，他从村东吹到村西，吹一声，大喊一声下地啦，来回一次，绝无二次。哨子刚停，社员分毫不差走出家门，一个一个手拿肩扛农具下地了。

第三任队长，会唱锡剧，是个文娱积极分子。唱戏时，不是队长。干农活一把好手，大家都服他。50年代，插秧不拉绳，比照第一个，他常常先下田，插的秧横直都是一条线。插秧常暗中比赛，谁插得快又插得直，深浅适宜，他是插秧的榜样。上工，他不吹哨，村上有了大喇叭，先放音乐，大多是锡剧《双推磨》，让大家快乐一下，十分一刻钟，他的声音就响起了，下地啦！隔三分五分钟再喊一次，不再喊了。有时也在大喇叭里派工，谁去挑猪灰，谁去翻地。

队长也是社员，也靠记工分得报酬，几乎天天干活。两任队长一个样，插秧割麦割稻，常干在前头。一天中有几次在田岸上转悠，东做做西看看，两眼盯着干活质量，小年轻和妇女，少有技术，活儿粗糙，常遭他们训斥，第一句话，你看看，你看看，这生活怎么做的。第二句话，这个田是你家里，你也干成这个样子？手里有农具，像要敲下来，他们从没敲过社员。有时也示范一下，应该怎么做。队长只有一个特权，出去开会，可以记工分。20世纪50年代，没有什么补贴，不少事是义务。

队长虽小，权力却不小。农民最关心的，做什么工，工分多少。撒种、做秧田、插秧、犁田，这类技术活，工分多。谁做技术活，谁就收入高。后来改成底分，以底分来计工分。谁干什么活，谁的底分多少，最后队长说了算。社员服从队长，既有队长的威信，也有利益关系，与队长搞好关系，多干点工分高一点儿的活。社员对队长有意见，也常在这儿。少有明讲，背后嘀咕。

有一次，我们六个“半劳力”造反了，要求不挑河泥灰去插秧。插秧有技术，插得一手好秧才是技术把式。我们这些小年轻，天天挑猪灰撒河泥，既累又脏，技术活不沾手。六个人商量好了，谁也不许做孬种，先礼后兵，队长不答应就罢工。队长也先做工作，我们不答应。罢工了一天，消息就传出去，合作社知道了，社长批评队长，从小就要学技术。队长只好低头，说阿爹们，我来挑猪灰，你们去插秧，总好了吧。在我印象中，这是我们那个村，二三十年仅有的一次民主运动，以胜利告终。像“五四”一样，是年轻人搞的。

队长，一队之长，几十户人家，也是家长，还带有族长的成分。家家户户有什么事，哪怕夫妻吵架，邻里纠纷，婚丧喜庆，都要找队长，都可见到队长的身影。酒席上，队长常坐“尊位”，从他脸上也可见到他是队里的一把手。处理事情，还算公道，也有点法制意识，从无打人，也不罚人；对小偷小摸，抓住了批几句就算了，经济手段也用得不多；对家事，不拿主张，总说，说个意见，你们参考参考；而对明显不合法的，对老人不尊敬的，就直接批了。我们村上民风比较正，少有老人住厢房住老房的，少有男女风流之事，这与队长方正有关。

有些地方队长像霸王，欺压一方，农民恨之入骨，我们那儿没有这种情形。后来的小青年做队长、村长、村支书，文化高了，经济意识强了，与村民的关系，不如以前融洽了。有天晚上，我从苏州打电话回去，一位村领导接了，说的都是酒话，几十里外酒气也闻得到。

一个奇特的现象，会计不过是算账的，大记工员，到处一样，却是二把手。好像没有副队长，有妇女队长也不大起作用，队长不在队里，都是会计代行队长之职，从来没有人问，会计怎么当指挥员。可见，掌握财权的会计在村民心目中的地位。会计是二队长。

会计是全村几户外姓人之一，为何会夹在徐氏家族之中，不得而知，很可能祖上入赘后又改姓。会计比我大七八岁，初中生。人长得高挑，不胖不瘦，有几分斯文。那时农村少有的知识分子，做会计顺理成章。他未学过会计，无师自通。账做得清楚，少有差错，人品方正，全村人信赖他。说是有一次，有笔账轧不平，就差几毛钱，整整算了两三天。一个生产队，一人做三四十年会计，不多。他很善处事，二队长，却不越队长，出主意不定主意，会上多次见他给队长耳语。村上人有事，常不先找队长，先找他，有个三三七，再找队长。他天天读报，听收音机，世事不比城里人知道得少，还有自己的看法。

有一事对他打击甚大，村上有人写匿名信告他，说他以白条虚报开销从中贪污。上面很重视，派人来查。那时做账，的确不很规范，也确有白条，不是一张两张，而是一叠。其中，也确有队长没签过字的。查账的先要队长，对白条一张一张检查，确认是否开销过，再要会计交代，有无问题。经一一核实，且有旁证，有一次请客仅花五百块钱，白条一千，多报五百，经手人会计自己。事隔一年，会计也说不清为何多报。他一再申明未多报，又拿不出证据。上面认为，数额不大，会计一向工作谨慎，不以贪污论处，退赔五百之外，罚款两千。会计甘认处罚，自己工作有失误，此后，白条拒不进账。为这事，一直郁郁寡欢。队长知道会计为人，要承担一半罚款，会计不从。后来知道，还买了几条香烟，烟不好入账，打进吃喝里了。队长要上面为会计平反。会计说算了，烟除了送人，我也抽过的。

每次回家，我总能碰到我们村的财政部长，在场头说上几句，他常问问新近国内外发生的事。前几年，他患肝癌去世了。

每年清明，给我母亲扫墓，我都要到队长会计墓前，给他们鞠上三躬。他们是中国农村互助合作事业的有功之人。

地主富农佃农长工列传

地主富农，佃农长工，农村对立的阶级关系的代表。

新中国成立前，农村有没有对立的阶级关系？应该说，确实存在，还相当尖锐。占人口百分之几的地主富农，占有全国百分之六十到七十的土地。地主富农，封建土地制度的代称，土地革命的对象。土地改革，打倒的是地主富农，推翻和结束的是两三千年的封建制度。

三亿农民，分得了七亿亩土地，这是土地革命的具体成果。把土改称做暴风骤雨，一在迅猛，两三千年的总爆发；二在农民的欣喜，情感的迸发。农民从心底里高唱解放区的天是明朗的天，共产党的恩情说不完。

六十年后，回眸这场革命，重看那时的阶级关系，对照我们村里的地主富农、佃农长工，有个看法，各地阶级对立的状况、地主富农剥削农民的程度，不完全一样，不能以刘文彩、“半夜鸡叫”的典型，一典以蔽之，时过境迁，可以更客观地进行认识，从中得到有益的东西。

50年代前后，一个村里的阶级关系，地主与农民的关系，体现在具体人和家庭上，占的人口很少，百分之几，最多百分之十几。我们那个行政村，由三四个自然村组成，三四百户，一两千人口，仅一户地主一个富农；佃农、长工也不多，不会超过十户，真正构成阶级对立关系的，人口不足百人。

在一个村，与地主富农，不发生利益关系的，占人口绝大多数的，是自耕农，称之为中农、下中农、贫农，接近富农的上中农也很少。一户地主，四十亩地，可能还不到；一户富农，三十亩地不到；十亩以下四五亩、两三亩地的占多数。

我们那个村，与江南有些地方一样，土地兼并不严重，没有出现有几百上千亩地的大地主，土地占有相对比较平均。形成的一个原因，地少人多，土地金贵，万不得已不会卖地。听说，我们村上有两户卖过地，一户家主沾上恶习，赌博吃白粉（鸦片），一户男主染病。相当普遍的是，即使老人染病，宁愿病死也不卖地治病，留地给子孙。还有一个原因，多数人家有人在城市做工，虽工钱不多，但可以生活。

江南商品经济发达，许多地主进城经商，或在城市经商到发达后到农村置地，成为工商地主，我们那个村不多，一两户而已。我的堂伯，一个曾祖父下来的，他在江阴城里开布厂，是个资本家，不知为什么，他没有在乡下买地，造了幢出类拔萃的房子，地还是祖上留下的地，或许他根本买不到地。

地主富农，佃农长工，在我印记里，一个多了几十亩地，一个没有地、少了几十亩地。论下地干活，他们都是农民。不同的，佃农长工为地主富农种地，地主富农为自己种田，交换的是劳力与工钿。斗地主，才知道，剥削就在交换之中。剥削重不重？不太清楚。论生活，确是两重天，地主富农家的粮食年年吃不完，佃农长工家年年不够吃。分田分浮财，地主家的米缸里还有陈了两三年的米，虫子在缸边上爬。

我们村的地主富农不出租土地，地自己种，农忙时招季节工。本来村上有换工的习俗，一家割麦插秧，四五户人家出工相帮，类似后来的互助组，农村原始的互助合作。地主富农家有长工，主要养一头牛。地主富农与农民换工，农民出人力，地主富农出畜力，你帮我插秧，我帮你耕地。地主富农与一般农户，还是平和相处，没有更多的利益往来和纠纷。

我对村上的地主富农并无恶感。地主在另一个自然村，分浮财时，他立在门口，脸上装着笑脸，不时给村上人点头。斗他时，因无劣迹，草斗一次，就没再斗。三进房子，分掉两进，留了一进，两个长工住了进去。据说，也是平和相处。此后，除了下地，很少见到他，像世上没有他这个人。几十年，没听说他有什么不轨言行，早就摘了地主帽子，成了社员。只是在“文革”中，他又成了地主，挂牌敲锣，在全村自己游斗。“文革”没结束，就离开了人世。两个儿子，也都务农。去世之时，说是有遗言，祖上何苦留我田产。

我们村上的富农，虽名列“地富反坏”之中，与地主情况却很不一样。土改时，分出几亩地。平时，与其他农民并无二致，论实际地位，在队长会计之后，有点“高干”味道。他识字，有文化，少有的知识型农民。小年轻都喜欢他，躺在田头听他说《七侠五义》。种田一把好手，他家的地总比一般农户种得好，一亩地多产百把斤粮。为人不刻薄，村民向他借大型农具，很少推托不借，还不收出借费。懂牛性，牛听他的话，合作社时他犁田，一顶破草帽，短打上衣裤子，酱色的脸，青筋突出的腿，道地的老农。田怎么种，碰到难题，队长会计常问计于他。他有一个背景，新中国成立初读中学的大儿子进了部队，成了校官，转业当了县里领导。有这样的儿子，富农成了村上的“高干”，也就顺理成章了。“文革”中，他安然无恙。

我们村上的绝大多数是自耕农，半数人家有人在上海、无锡做工，做长工佃农的很少，就四五户。与北方一户地主、百户佃农，很不一样，怎么会形成的，不甚了了。听我母亲讲，我父亲识字，曾给在城里的地主收过租，一次出去要好多天，租子很难收齐。这说明，别的村有大地主，工商地主出租土地就多。村上有两户佃农，租的是别村人的田，租五六亩、三四亩地，加上自己的亩把地，一年下来，付掉租子，勉强糊口。一亩地租子多少，也不甚清楚，占亩产的三分之一左右。到歉收年景，就很难交足，有欠有少交的。另有两户外出种田，有做长工有打短工，到无锡农村，叫荡口的地方，那儿田多人少。一年下来，工钱也就一两担米。幸好，打长工短工的，光身一人。他们常说，自己吃饱了，全家都饱了，饿着的是桌子凳子。

怎样看新中国成立前后农村的阶级关系？怎样看地主富农？怎样看他们的剥削，以及他们的阶级本性？一个村不能说明整个情况，但一个村也是一个点，也是一种几种情况的典型。我们那个村的地主富农，可以归之为劳动地主劳动富农，盘剥农民也不多，新中国成立之后几十年，没有反抗之心，顺着共产党，同样是农民，是社员。

刚播放的纪念新中国六十周年的大片《解放》，不止一次说到土改反"左"反工作粗糙，批评、纠正土改工作中的失误，毛泽东就亲自抓过批评过。从我们那个村来看，"左"的情况同样存在。比如，种地的地主富农算不算地主富农，本分的地主富农要不要同刻薄剥削的区分开来，交了地摘了帽的地主富农还应该不应该看做阶级异己，对他们的子女另眼相待有没有道理，这些旧账也应该说说清楚，起码在道义上讲明白。

多年前，到昆山的陆杨乡搞调查，那里联产承包后土地向种田能手集中，搞适度规模经营，多则上百亩，少则几十亩，雇工种地。县乡大加支持，《新华日报》上了头版头条，中央农村政策研究室也说好，写的材料上了"内参"。我同一位农场主开玩笑，土改时你是大地主，肯定把你斗得七荤八素，现在你戴大红花，还给你奖励。他说，这叫此一时彼一时也。我说，是的，换了人间。

牛倌猪倌老农列传

养牛的，养猪的，五六十岁的老农，他们横跨两个时代，新旧社会的见证。一个村，队长会计之外的中坚。

牛倌代表了自然经济，代表了生产力水平。猪倌代表了商品经济，代表了一个时候副业生产水平。老农，种田技术的集中，江南农村传统的积淀。

20世纪五六十年代，我们村上只养过两头牛。一大原因，人多田少，一户两三亩、三四亩地，不值得养牛。大多人力翻耕，或换工借牛耕地。地主富农家养牛，也只养一头。称做牛倌的，也只有一两个。

我们队里的牛倌，年轻一点的，都称他狗叔。他俗名阿狗，小时候的奶名，几十年叫了一世。大名只有选举时派用场，生产队里的账上也是阿狗，只是名字前有姓氏。人矮，偏瘦，左脚受伤有点跛。一年四季嘴里常喷出酒味，小酒瓶冬天放在衣袋里，夏天挂在裤带上，戏称手榴弹不离身。不喜米酒，喝烈酒，瓜干酒，几毛钱一斤。终身未娶。四五十岁时，给地主家养牛放牛，犁田。五十岁后，给生产队养牛管牛，也犁田。

队里有牛舍，族里祖上留下的老厩房，归一家所有，租给生产队。两进四间，前两间堆柴草，后两间一间牛舍，一间堆草料，还搭一张铺，牛倌之室。他有房子，很少回去住，大热天，一块门板两张长凳，睡晒场。

十年左右，队里养过一头黄牛一头水牛，都是狗叔侍候。论养牛能耐，村上没有人及得了他。他常说，人要懂人性，牛要懂牛性。他从早到晚与牛自说自话，喂料时说吃饭了，牛拉尿拉屎，总要说就你尿屎多。犁田，扬鞭，啪的一声，空响，鞭不着身。牛也欺他，他犁田，鞭再响没用，还是按既定速度朝前走；别的老农犁田，鞭子刚响还没着身，牛就往前蹿了，牛知道这时的鞭子不是空响。一个队里一百几十亩地，大多是他犁，他也不让别人犁。他看不惯别人犁的田，深深浅浅，质量不过关，也怕牛挨鞭子抽。不管农忙再忙，他总要让牛歇两次，喝水吃料，或放任在田头让牛啃青草，有时牛吃田岸上的黄豆，他只当没看见。人家来理会，他才骂一声，你眼瞎了，黄豆也能吃。半夜里，都要给牛添次料，他相信牛与马一样，夜里不添料不长膘。村上人说，两头牛，狗叔的一个女儿一个儿子。他说，一个阿婆一个爷。

黄牛力小，耕百亩地很吃力，农忙时累得嘴里吐白沫。队里换了一头中年水牛。黄牛牵走时，狗叔有点不舍，目送到村头。七八年后，水牛老了，狗叔也老了，队里添了手扶拖拉机，牛不耕田了，狗叔也不用养牛了。一年春节前，老牛杀了，每户分了几斤牛肉。牛牵出宰杀时流泪，狗叔也流泪。分给他的牛肉，埋在了自己屋后的菜园子里。

狗叔何年卒，不清。有年回家，娘说，你狗叔去世几年了。

我们村上养猪，很多年未成大的气候。村民养猪，一户一两头，队里养猪存栏也只有十来头，常养一头母猪，子猪供村上散养。直至家庭联产承包后，村上出现了养猪大户、种田大户，此时才有规模经营的养猪。猪舍是生产队的，不出租金，奖励养猪。养猪大户是兄弟俩，他们还种十多亩地。栏里常存二十来头猪，三至四月出卖一次，一年百头，超过生产队时全村养猪数。饲料，一半买合成饲料，一半到城里饭店、学校收泔脚，加上自己种的粮，碾米出的糠秕。一年有五六千块钱收入。

兄弟俩养猪时已有三十余岁。他俩小学没有上完，就辍学务农。是家贫，还是没有造新房，都没结婚。上午弄猪饲、喂猪，打扫猪舍，下午开一辆土制的机动车进城，收泔脚。泔脚开始免费，收的人多了，有人出钱，就发生纠纷。有次打了起来，兄弟俩长条子瘦弱，被人家打伤了，幸好，皮肉伤，鼻青眼肿，未伤筋骨。此后，就不敢进城收泔脚了。猪全吃买的饲料，泔脚油水多，猪易长膘，多长膘要增精饲料，成本增加不少。兄弟俩常说，养猪呒弄头。

五六年后，接着出了两件事，兄弟俩猪倌不做了。有一天，饲料贩子上门推销猪饲，还有"高科技产品"，可提高瘦肉率。买了一用，瘦肉真的多了。半年后，查出来用了违禁"瘦肉精"，检查人员在猪棚里拿到了物证。兄弟俩辩白，不知违禁，不用就是了。检查人员不答应，罚款一千，就算了事。兄弟俩发狠，钱没有，猪可捉去，不再养了。村上知道，兄弟俩养猪不易，罚款村里出，继续养猪。又有一天，进城买饲料，出门不久，车子相撞，发生车祸，弟股骨撞断。猪不能养了，把栏里的猪盘给了别的养猪大户。进医院，一住半年，家中所有积蓄和卖猪所得用得精光。人无大碍，留下后遗症，走路不便。为医疗费和生活费，与出事车主打官司，有结果，可多年拿不到钱。

兄弟俩不种田不养猪了，土地征掉了，有养老金，可度日。

老农，是个群体，在我们村，也是个历史概念，断了代的概念。新中国成立时，他们四五十岁，一个生产队，不过十来人。有佃农，有长工，大多是自耕农。他们是农民的代表，真正的农民，一世务农。比他们年轻的，二三十岁的，70年代，也可称老农，农龄也有二十来年。但后来大都分化了，进了乡镇企业，或外出打工，务农已是"打杂"，农忙时偶尔为之，有始无终，脱农了。所以，要说老农，最有资格最贴切的，还是五六十年代的农民。

那时，他们都已中年过后，满脸皱纹，满手老茧，青筋暴出，都有点弯腰曲背。他们受传统农业的熏陶，江南农业精耕细作的传承者和体现者，是最懂得种田的人。论做重力活，挑粪翻地，他们已退居二线，播种、做秧田、插秧、施肥，还是他们独领风骚。不用拉绳，六棵秧，六条线，没有一棵东倒西歪的。割稻割麦，留下的根茬刷齐一样高，离土一寸许。田怎么种，队长还常听他们的。

老农一般比较保守，不肯轻易接受新事物新技术。时兴密植，他们坚决反对，队长说这是上面推行的，不密也得密。先试十亩地，过密了，一阵大风，稻秆挺不住倒伏了，几乎颗粒无收。老农们一脸得意。再试，比稀的密一点，比密的稀一点，适度密植，增产了，老农不再反对。种双季稻，他们也反对，有根有据，苏南气候不适宜。吃了不少苦，结论还是他们说对了，双季稻不种了。

对老农讲技术，左耳朵进右耳朵出，眼见为实才相信，到陈永康的田里去看了，佩服得五体投地。陈永康的水稻栽培技术，一下子就推开了。改良品种，多打了粮，他们看到了，成了积极分子。种“世界稻”（从日本引进的种子），种杂交稻，没有一个人反对，嘴里常说，种子好最主要。还说，以前想都没有想，一亩地产一千斤谷，六七百斤就好得不得了了。

进入70年代，他们一个一个离世而去。唯有一个老农，活到九十。常以长辈自居，动不动就出口骂小年轻。有的人家出去打工田荒了，他跺脚，骂败家子，饿肚皮的日脚（子）忘了。地征了，他常摇头，嘀咕不种地吃什么，机器能长白米长麦子？

裁缝木匠泥水匠列传

裁缝、木匠、泥水匠，农村靠手艺吃饭的人群，农业之外的技术代表，江南乡镇工业的起始者。

农村有“五匠”之说，各地“五匠”不一样，有木、铁、泥、石、篾，有木、石、土、陶、编，有石、木、土、漆、瓦，有木、泥、石、电工、装饰，这与当地的资源和传统手艺有关，木匠、石匠、泥瓦匠、铁匠、漆匠较为普遍，而电工、装饰工则是后起之秀。

农村有“荒年饿不死手艺人”之说，江南农村崇尚学手艺，男孩学“五匠”，女孩学纺纱织布。我哥哥就学过裁缝和漆匠。若我不去读书，极可能在“五匠”之列。许多地方，乡镇工业起于小农具、小五金、小塑料、土纺土织，大都是“五匠”演变而来的。

我们村上“五匠”既不全，从业的人也不多，一大原因，新中国成立之前就有去上海做事的传统，50年代，一批年轻人出去了，再加上农村割资本主义尾巴，限制手工业的发展。六七十年代，社队工业偷偷发展起来，建筑业成了许多地方的一大主业，老的泥水匠、小学初中毕业生成了建筑工人。也有泥水匠进城做水电安装修理工的。“五匠”之中，泥水匠一枝独秀。

我们队里没有裁缝。村东村西各有一户，村东的多做中装，村西的中西兼做，会做西装。接触多的，还是村东的老裁缝。他不姓徐，姓李，人称李裁缝，怎么进我们村的，不清。

20世纪50年代初，老裁缝已有五十多岁，眼花了，戴副两个圈儿的眼镜，一只脚还是断的。一天到晚，笑眯眯的。有一女儿，同我年龄相仿，长得挺水灵。

李裁缝从小学裁缝，很有点手艺，方圆几十里，都知道我们村上有个李裁缝。除了夏天，几乎一年到头，在人家家里做衣服，做了东家做西家，三四个村几百上千号人，四季衣服大都出自他手。一个绝活，做衣服看人不量尺寸，一看就知道几尺几寸，几乎没有看错的。说你的眼真毒（厉害），你眼里有把尺？他道出秘诀，人胖瘦高矮个个不同，不过七八种类型，看准一种，加加减减，就得了。这也叫实践出本领。

1956年，我考取了初中，录取通知书寄来了，我娘虽不同意我去上中学，一则学手艺无望，二则种田吃力，已经考取，还是答应了。我娘说，去上中学，总要穿得像样点，去喊李裁缝来做两件衣裳。李裁缝来了，挑一部蝴蝶牌缝纫机，一头是机头，一头是铁架子，后面跟着他女儿。我娘喜欢他女儿，就与李裁缝打趣，说让他女儿给我儿子做媳妇。李裁缝马上说，巴不得呢，你儿子上中学是秀才了，将来进城做大官，到时你别赖婚。我娘说，上中学，还不知能不能上完，还做官呢。李裁缝画线剪布，女儿踏缝纫机，一天工夫，天擦黑，两件白布衬衫两条黑色长裤，就做好了。他叫我试穿，一穿正好。饭后，我娘给他付工钿，他连忙摆手，给姑爷做衣裳哪有收钱的理。隔天，我娘把工钱送到他府上。

李裁缝何时去世，不清。她女儿未嫁出门，男的是村上人，算不得招女婿，自己家丈人家两头住。夫妻俩做衣，倒了个儿，女裁衣，男踩缝纫机，缝纫铺开在妻子老家。改了个习惯，不出门做衣，来料加工。几年前听说，丈夫也不在了，老裁缝女儿偶尔还做衣服，自己养活自己。

木匠分两种，称大作、细作。大作造房，做梁做柱，打门打窗。细作做家具，做床做柜，做桌做椅。还有圆作，做盆桶。有兼而做之的，少有，以一作为主。大作之中也有细作，那雕花的门窗，大多细作之艺，有专门做雕花门窗雕花床柜的。

“五匠”手艺几乎是祖传的，一代一代传下来，少有做大，小手工业，几乎是父子同业。做木匠的一般收徒弟，个把，一两个。农家大都造两三间房，一正两侧拖两个侧厢，请两三个木匠，若造三进八九间的和造楼房的，几帮木匠同做，这样的活儿不多。50年代中期，有些木匠进了手工业合作社，大多散兵游勇，有活就做，无活种田。七八十年代，农村造房趋热，一个村所有住房几乎翻了个遍，平房改楼房。木匠、泥水匠都吃香起来，队伍也扩大起来，或进乡镇建筑公司，或进个体包工队，也有自己招工承揽农民造房。

我们村上有一户木匠，以细作为主，做家具，也做盆桶，所谓圆作。秋冬出去造房，做门窗，冬春在家做家具，有定做有零卖的。他父子手艺不错，定做的细作家具，颇见功夫。我们村上女孩的嫁妆，备家具的，都出自其父子之手。近半人家，家具由男家置办的，也几乎出自他手。一直到70年代，流行西式家具，他生意清淡，做些零碎的一椅一凳。

五六十年代，那时做的家具都是实木的，以两种树为主，一为榉树，一为楝树，都是硬木。楝树生长较快，榉树生长很慢，十年十五年才成材，还不太粗，家具中的高档木料。与做家具有关，房前屋后种的树，大都是榉树楝树，杨柳只在河边能见到。一般隔年锯下，锯开成材，放在客堂里风干一年两年。

我娘说，我娘的嫁妆，除盆桶外，大床大柜八仙桌凳子杌子都是他做的，钱是我外婆家出的。本当在外婆家做了送来的，说他手艺好，就请他做了。那大床，我爱人称之为戏台，做工相当精细，雕有图案，刻上花纹，还漆成金色，像个工艺品。大女两三岁时，我向娘要了一只杌子，就是小方桌，带到苏州，给女儿做饭桌。三十多年，搬过两次家，旧家具都处理掉了，唯有那只杌子和我哥哥在汉中为我做的书柜，还留着。

老木匠年轻时一表人才，拿现在的说法，是个帅哥。一张甜嘴，死的可说成活的，年轻的年老的妇女，都喜欢他。风流故事一串串。说是有次出村做家具，东家有姐弟二人，姐十五六岁，弟三四岁，木匠给弟做玩具，一个女人的奶子，一个女人的下身。弟在玩时被姐看到，姐把二物扔进灶膛烧了。弟大哭问姐要。东家知道原委，活没干完，就把木匠赶走了。老木匠年老了，两只眼睛还流光溢色。去世后，老婆从不上坟，说让他一人去风流。

泥水匠的活，大都在室外，比较苦，砌墙头，技术含量低，做下手的，搬砖递泥，更无技术可言，一两天就可上手，在“五匠”中排名最次。可是，近十年中，论发达，裁缝铺成了服装厂，江阴有“红豆”，常熟有“波司登”，论吸纳农民最多，进城打开大局面的，还在建筑在房地产在装修。

老一辈村民中，我们村上没有“鲁班”。有三四个做泥水匠，会造房，只造平房。他们结成伙，两帮子人，一帮木匠，一帮泥水匠，有个领队的，开始是接活的召集人，后来成了老板承包人。做一次，分一次工钱，每人拿多少，预先商定，少有矛盾。搬砖拌泥沙的小工，大都是造房人家请的，村上人相帮，吃饭不付工钱。后来造楼房，出了事，是材料有问题，还是结构有问题，造到二层房塌了，没死人，一人压断腿，从此，不再造房。

新一辈村民中，“鲁班”没有出，却出了建筑公司的经理和家庭装修公司的老板。有个堂弟，比我小十多岁，70年代进了乡的建筑公司，开始是个泥水匠，后来一步一步往上升，成了项目经理，一个工地的负责人，公司有股份。在我家前面造一幢三层楼房，像城里的连体别墅，在江阴城里还有住房。也算稀罕事，村上有了家装公司，是我远房侄子开的。公司一分为二，城里有分公司，乡下也有。以前农民造房，一个空壳，几乎不装修，近十年，也变了，时兴装修，铺地板，贴瓷砖，装电器。

妇女主任赤脚医生列传

妇女主任与赤脚医生，他们高队长会计一级，属于“村官”。两个行当，其实，干的一件事，管人的身体。妇女主任管生育，赤脚医生管治病。不同的，妇女主任代表妇女，农村女权的代表；赤脚医生，中国医疗卫生网络最底层最前沿的代表。

在我印象里，我们村上，20世纪50年代没有妇女主任，更没有赤脚医生，60年代才有的。最早好像有个妇女队长，叫女队长，管妇女工作，带妇女下地。原来，我们那儿女人不下地，合作社开始女人下地了，田头嘻嘻哈哈笑声笑话多了。女队长带一帮女青年，常与男劳力“别苗头”（比赛），那时已有“半边天”之说，男人能干的女人也能干。为了同工同酬，女队长与队长会计干过几次仗。五六十年代，上面撑妇女的腰，替妇女说话，女人胜仗打得多，妇女底分与男劳力差不多。妇女主任、赤脚医生，都在我们队里，他俩还是一家子的，一个是嫂子，一个是小叔子。

她是邻村嫁过来的，丈夫是我初中同学，也是初中毕业，五六十年代农村知识妇女。人长得挺秀气，不打辫子，齐耳短发，见面总先打招呼。第一次见面，先说啊是苏州大伯。里里外外一把手，丈夫听她的。丈夫做小学代课教师。小学时有一学期倒数第三名，娘问第几名，他说第三。娘不识字，数目字数得，五十名怎么是第三名，他说数目越多越好。娘后来知道儿子诓她，气得一顿好打。

在人面前，她从不数落自己的丈夫。

妇女主任，做妇女工作，凡是与妇女搭界的事都管。“小二黑结婚”的事不多，50年代初还有包办婚姻，中期之后，几乎没有了。更多的两件事，中青年妇女就业，婆媳关系家庭纠纷。先是下地，后是进厂。下地，在妇女本身，原来妇女不下地，女队长一带头大家就下地了。进厂，青年妇女问题不大，乡镇工业发展起来之后，本来缺劳力，就是病弱的中老年妇女，厂家不愿收。全村有十来个没工作做的中年妇女，她硬是一个一个厂子做工作，塞了进去。

在村子里，她挺有威信，家庭发生纠纷，男女都去找妇女主任。家庭纠纷，夫妻间大多错在男方，婆媳间大多错在媳妇。我们村上男的好赌好酒的不少，有点钱喝掉赌掉，夫妻常吵架。有的男的横蛮，还要动手动脚，女的一把鼻涕一把泪哭到妇女主任家里。她先说教，酒能喝，一天一顿，家里做米酒，少买白酒；赌要戒掉，不戒，就报公安。真的与公安抓过几次，赌徒都怕她。婆媳关系，有她做榜样，好得多，从无有意虐待老人的。造了新房，不少人家，夫妻儿女住新房，老人住旧宅。她说这个风气不好，与队长商量，不成文立一条，老人不住新房不批宅基地。风气一形成，再无老人住旧宅。

20世纪70年代，妇女主任做得最多动心思最多的，还是计划生育。五六十年代，生多生少，无人管，生两个居多。70年代中期后，苏南农村也推行计划生育，生一个好。田里的生产，人的生产，村长队长对妇女主任说，咱们各管各，我管田里，你管床上，各负各的责。

开头几年，村民不服管，你看着我，我看着你，有了女孩想男孩，有了男孩想女孩，生两胎的也只能生米成熟饭。接着，政策越收越紧，惩罚措施一条又一条，罚款上万。这可忙坏了妇女主任，育龄妇女，一个一个，登记上册，明察暗访，何时经期，有无措施，一一落实。先推行男的结扎，不知是否确有关系，还是精神因素，有人结扎后四肢无力，性生活不正常，女的找妇女主任兴师问罪，要她赔男人。她也说不出原因，队里作了让步，每年补贴工分。从此，男的不扎扎女的。

有一户几代单传，生了一个女孩，一心想男孩。女的偷偷外出，说是打工去了，等到发觉，肚子大了，不能再计划了。处罚下来，罚款一万。当家的说，命有一条房有三间，没钱。村里先礼后兵，妇女主任、队长、村长上门工作，给了期限，若不交钱，拆房。农村可是说到做到，比法院还厉害。妇女主任知道那人家不富余，上乡里说情，减了一半，罚款三千了事。对外说，还是罚一万，记在账上。

妇女主任做到五十岁，回家后，村上给她发退休费，孙子也不用管了，享清福。六十出头了，还是那么利索，还有人喊他阿庆嫂。

新中国成立前后，我们村方圆十里，有个体行医的，称郎中，村子里有个中医，留长须，坐轿出诊，镇上行医的，戴礼帽，骑匹马，可能是西医。大约50年代后期，医生集中了，办了乡卫生院，就没有了个体行医，农民看病大多上镇医院，也去县医院。赤脚医生，60年代才有的。“文革”结束，赤脚医生没有结束。

我们村上的赤脚医生，是个白面书生，初中毕业，种了一两年田，就被抽到村里脱产做医生了。县里集中培训了一年，一两年又去学习一次，二三十年，现在是个老资格农村医生了。俗话说久病成医，行医二三十年，经验也相当丰富了。看看小毛小病，不成问题。若有大病，提示，大致是什么病，哪个医院哪个医生医术高明，是个懂行的参谋。很受村民尊重。

他几乎不下地，穿一件大白褂，常年坐在卫生室里。有病人看病，无病人看书。我去看过他几次，有两次为我母亲拿药。村卫生室设在大队办公室隔壁，单独一间，一分二，前面有张写字桌子，用来看病，墙上贴了几张卫生宣传的招贴画，有一张彩色的人体经络图；后间是药房，两个柜子，放常用药，一张医用的单人病，还有蒸煮的消毒设备。大门口墙上刷了个白底大红十字。

有一次，我问他看什么书，看《赤脚医生手册》？他说，专门学过，现在不看了。他在进修内科，一门一门自学，希望有个大专文凭，再进修本科。我说，你不简单。他说，他不想停留在擦擦红药水的水平。他还说，他在专修风湿和老年慢支（支气管炎），这是农村的常见病，伯母（我母亲）也有老慢支。我说了一个字：好！心里对这个小兄弟，有了几分敬意。

一个行政村，三四百户人家上千号人，生命健康不说系在他手里，也与他密切相关。一般的小毛小病，不成问题，村卫生室看得过来。遇到急重病，有了他的初步和保护性治疗，进大医院治疗有了基础，常得到专家称赞。村上与我同龄的，有四五个生了癌，起初都当普通病治，没有效果，他一个一个陪着去大医院诊治，直至离开人世。他说，也有不少憾事，他有责任，有一种罪责感。村上死于癌症的，发现都是晚期，治也没有用。若早点发现，不会都治不好。他发现不了。我说，条件有限，不能怪你。他摇摇头，还是有责任的。弟媳养小孩大出血，因缺血甲状腺坏死了，只当身体虚弱，吃补药，没有打激素，耽搁了。她还年轻啊。可治而没治、没治好的，不是一个两个。

有一次，我问他对《春苗》有什么看法？他说，利用罢了。农民要医生要药品，不要那样的政治。赤脚医生，有作用，也不要夸大。

村上形成了一个习惯，婚丧喜庆，包括儿子上大学，摆酒席，或有因头喝两杯，必请三人：队长、会计、赤脚医生。

村民甲乙丙丁列传

江阴北乡临江，人剽悍，好饮酒，性格直爽。兵荒马乱之时，长江里确有强盗出没。

村民甲，是我父辈一代的人，新中国成立时已有四十多岁。人长得高高大大。说是做过强盗，还是土匪，像“忠义救国军”里的兵痞，背过匣子枪，在村里晃荡过，我看过他打枪，叭叭，一枪一只鸟儿。在孩子中间，他好生了得，孩子们围着他，常盯着他手臂上的青龙看。新中国成立后，被政府抓进去，审查了几个月，放了出来。说是做过强盗，没有血案，抢过有钱人家的财物，没伤害过穷苦百姓，当过地方武装的兵，与日本兵打过仗，掩护过新四军和上海去苏北的地下工作人员，功过相抵，没有戴帽子，被村里管过一段时间。没事了，还是摇摇晃晃，在村里还是挺神气的。

或许从小浪荡惯了，他这个人，不善种田，也不喜欢种田。一个人，两亩地，半是草半是苗，收成差，勉强度日。冬闲常赌，赌风差，常赖账，村民不与赌，又怕他捋袖子翻桌子。村长警告他，揪他的辫子，是不是想进局子，始罢手。进了合作社，常干粗活力气活，五十多岁了，气力不支，常发脾气骂娘。与一寡妇结婚，寡妇有一子，又生一子，倒也很护家，同待二子，村民赞肯。

“文革”之中，老账被翻出，已是六十有余，挨游斗。一日夜里，队里养猪场灶间起火，火势延至隔壁仓库。他出门小解，见火奋救，将猪放出，又用水救库中粮食，仓房倒下，将其压下，一梁击中腿部，将腿压断。火扑灭，上面来人查验，是不是阶级敌人报复。猪倌出来作证，不是，失火责任是他，见火已上房，吓得不能动弹，尿裤瘫坐地下，亲见"强盗"救火。猪倌被带走，"强盗"送医院，未表彰。

队里当年给"强盗"记一千工分。

百业谁最大？剃头师傅说，剃头的最大。剃头时，我要你的头向左，你就向左；我要你低头，你就低头，皇帝老儿剃头，也听我的。

村民乙，剃头匠，后叫理发师，村上称剃头的。同属一个大村，在村东北的一个自然小村，仅十数户人家。新中国成立时，他二十有许，清瘦长条子。既种田，又理发，农忙时几乎不理。经常看得到他，穿一件青布长衫，夹一包有理发工具的布包，从门前走过。村民常作堆理发，你理他也理，一个下午理十来个。他手艺如何，难说。小时，我挺怕他，剃光头，头发、头皮与刀摩擦，嚓嚓作响，蛮疼的，有时头皮被割出血，他抓把女人用的扑粉按上，还说没事。我小时不肯理发，我娘给我扎过小辫儿。七八岁了，小辫儿剪了，常被捉住理发。

50年代中，他到村东四五里的小镇开了一爿理发店，店面很小，至多十平方米。全村的男人，都上镇理发。他嘴活泛，边理发边与你说白趣（闲话）。东听来的消息，西听来的故事，再加点佐料，一天到晚说来说去。从理发店听来的，村民再到田头场头贩来贩去。有次出事了，风传，家门口若不挂红布和巫咒有血光之灾，家家仿效。乡里派人进村调查，消息来源都指向镇上小理发店。理发师被传到乡派出所问话，理发师供认，他传过谣言。具结，悔过，被关了十天。从此，理发师戴上大白口罩，对人说讲卫生，对自己说闭上臭嘴。

村上人到他那里理发，一是熟悉，二是全村的邮件，都在那里。50年代，没有邮差进村，寄信拿信，都要上镇，邮政所把全村的邮件放在理发室，或自拿，或让村上人带回去。1962年，我考取大学，录取通知书也是从理发室拿到的。此后，就没有再见到他。

喜酒，世代相传，男女都一样，女人生小孩，要喝掉一大坛，村村有嗜酒成性的酒鬼。

村民丙，从小跟着大人喝酒，三四岁就有了酒念，不会说话，若哭若吵，以酒滴唇就笑。其父也好酒。其母织布，父上城卖布，得的布钱，先在城里喝，再到镇上喝，常常喝得精光。一早出去，太阳落山，还不见人影，村民相告，酣睡麦田。他排行老四，小名阿炳，人称“酒四阿炳”。有一出典，一早起来，不吃早饭，酒缸里掏四碗酒，咕咕下肚，嘴一抹，下地。喝了几十年，可谓生于酒，死于酒。

村民常喝三种酒，自制米酒，黑杜酒，黄酒。热天，喝烧酒和啤酒。米酒以糯米为原料，也有用粳米做的。老四是制酒能手，村上人常请他去做酒，少有做坏的。他说，三条，米蒸透，不夹生；酒药正宗，与米拌匀；把握好温度，五天后开盖，包你好。兑水也有讲究，水过少，酒酽，过浓，不清洌，粘口；水过多，太淡，酒味差，如喝白水。一百斤米，做二百斤酒，正好。他做的酒，有青色，清洌有辣味，酒香扑鼻，进其家，客厅就闻得到酒味。

困难时期，粮食金贵，无米做酒。有三四年，一个村子没有人家做酒。村上有家小店，有很稀很稀的米酒和瓜干烧酒卖。阿炳喝烧酒，米酒不过瘾。一年到头，家里没有几个钱，大半被他喝掉了。妻依他，有点钱，给他买酒喝。村上人说她，不要太依阿炳，管管他，一天到晚酒醄醄的。她说，让他去，男人哪有不喝酒的。这也是村民的酒德酒文化。困难时期没过，他妻得妇女病，要开刀。阿炳手头无钱，急得团团转，问队里借钱。队长说，钱都被你喝酒喝光了，无钱可借。磨了半天，队长说，看你老婆面上钱借给你，但你要把钱还了再喝酒。阿炳答应。妻子病治好，花钱五千。阿炳说，五年也还不清，五年不喝酒，要老子的命。

一语成谶。阿炳一年没喝酒，第二年熬过去了，第三年，大年夜喝了一瓶瓜干酒，刚过春节，人一天一天萎下来，面发黄。赤脚医生说，赶紧上医院。一查，肝病，酒精肝，硬得像石头，没救了。妻子哭说，我害了阿炳。是说纵他喝酒，还是断了两年酒，不清。

我们那儿，村村有酒鬼，队队有赌徒。赌风年年刹，一时刹住，一年半年又盛又烈。

村民丁，小名阿兴，村上三赌徒之一。远近有点小名，水平不高，赌风颇正，拆房卖妻不赖账。从小耳濡目染，赌性侵髓入骨。乡下有俗，农历新年，大赌三日，不分男女老少，不能干预，无人说不。阿兴人不足十岁，牌九、麻将，样样无师自通。赤屁股的小朋友，小赌赌，十有八九几个铜板被阿兴卷走。阿兴从小就有豪侠之气，小朋友之间，赢的还人，输的不要。小朋友服帖，跟在他屁股后面转。

阿兴好酒好赌好打抱不平，远近有名。三十岁还没结婚，自己不急，娘急。其母托媒婆介绍，几近一打，人看得中，一听名声，就谢了退了。贫寒人家，常到苏北找媳妇。媒婆出主意，到江北去找吧。其母无奈，只好答应。一日，媒婆领来一二十出头的女子，人长得不算漂亮还甚端庄。娘要了，阿兴也没说不。隔年，生了一子。新中国成立之后刹赌，阿兴洗了手，一心种田。女的从小苦惯，会过日子，一家倒也其乐融融。

好景不长，过了四五年，阿兴又赌了。十赌九输，家里一点钱赌光，还偷偷把口粮卖了去赌。妻劝无用，常在房中哭泣。娘说，再赌，死给你看。与队长说，叫乡派出所关起来。关了几天，对天发誓，再也不赌了。贼性难改，赌性也难改，洗手三月半年，阿兴又赌了。村上不赌，到外村外地去赌。据说，抓赌厉害的时候，租船在长江边上赌。有人放风，若来抓赌，划船过江。有次，阿兴十天半月没回家。刚回家，来了一帮人，逼阿兴还赌债。阿兴说，实在没钱，嘴还硬，要么拆房子要么抓我老婆去抵账。娘气得发抖，用刀劈儿子，吓得催赌债的人溜了。妻无语流泪不止，半夜上吊欲自尽。幸好，被子发觉，救了下来。阿兴大悔，去灶间取菜刀，被妻挡了一下，连伤三指，一指见骨。隔数日，娘从箱底翻出陪嫁两只金耳环一只金戒指，交儿子把赌债还了。阿兴泣受。

此后，没听说阿兴再赌过。阿兴成了戒赌英雄。

村俗

冬吃腌菜夏吃酱

一菜一酱，江阴农村四季一早一晚的常菜，主菜，当家菜。与我伴了一个童年一个少年，直至读高中寄宿。半是情有独钟，半是情有独怕。到苏州的四十年，酱与腌菜，偶尔为之。

腌菜有两种，一种是雪菜（雪里红），还有相似的芥菜，雪菜叶细，芥菜叶大梗粗，可能同科不同种。腌雪里红有春秋两次，秋天居多。腌雪菜，把雪菜洗净切细放盐，用手搓出水来放入坛中，坛口用稻草塞紧，再倒置于放水的盆中，与空气隔绝，半月后开坛即可食。另一种是青菜，大青菜，腌得多的，还是青菜。腌青菜都在秋后。

我们村上旱地极少，蔬菜种在房前屋后的宅基地上（后来被称做自留地），就那么分把地，一家的蔬菜，青菜、韭菜、菠菜，基本满足，极少种点菜瓜甜瓜。那甜瓜，农村小孩夏天的冰淇淋，从开花结瓜看起，天天去看，还没熟透，就摘了吃。腌菜量多，大多种到水田里，早稻割了抢种一茬青菜，再种麦子。

一家人家要种三四分到半亩地，菜秧先下在宅基地上，也到集市上去买。种的菜，可能就叫太湖菜，叶大而长，叶梗肥白，适宜腌菜，梗比叶好吃。江阴不种苏州的矮脚青（可能现在引种了），多年前苏州菜场有太湖菜卖，现在很少看到了。

一个多月，菜长得近尺高，早上先割在地上，下午四五点收回家，堆在场地上。每次，我娘都炒大半锅菜心，油不多，打过霜的太湖菜心又嫩又甜，不吃饭，三大碗菜心，吃得眉开眼笑。隔天，一棵一棵整棵洗，叶不一片一片拉开，洗大半天，再挂在竹竿上，把水沥干。每家人家都有一两口大缸，一缸腌菜，一缸用来水储年糕。我家的菜都是我腌，邻居都说我腌的菜特好吃，脚气好。

其实，腌菜很简单，一层菜，一把盐（现在看不到的粗盐），盐撒匀，用脚踩，直到踩出汁水来。再放一层菜一把盐，再踩。菜上放四五块石头压紧，菜浸在青黄色的盐与菜汁的混合物中。说来可能不卫生，踩菜是赤脚踩，脚丫子踩，这样踩出来的菜才好吃才鲜，所谓脚气，每个人的脚不同，踩得不同。有一年，我和我爱人回江阴，正好腌菜，我说多年不腌菜了，我来腌。夫人见我赤了脚踩菜，大叫怎么可以赤脚踩菜哇！我说，赤脚腌菜才鲜。她说不行不行，晒了菜干，我可不要吃，硬逼穿了胶鞋踩。后来，我娘说，那缸菜不好吃。

半月后，菜腌得半生半熟，叶还清梗发白，可以吃了，别有风味，脆中有甜，开春后菜就发黄发酸了。从此，这腌菜早也是晚也是，日复一日，三大碗粥一盆菜。现在想想，那时吃得挺环保挺健康的，绝不会得脂肪肝。怎么说呢，吃菜时想肉，吃肉时想菜，人生演不完的跷跷板。一般每顿吃一到两棵，从第二层吃起，菜缸是露着的，第一层既挡灰尘，又使下面的菜浸在咸水中。像大块切肉，菜切得一寸长，先吃梗后吃叶。一直吃到春末，吃不完的菜切得细而又细，有的直接晒干，有的放酱油蒸煮后再晒干，制成菜干。一半菜干用来泡了当菜汤喝，一半用来蒸了吃，有时放块肥肉蒸成菜干肉，蒸了一次又一次，肉化了，菜干浸在肉汁里，那菜干真是人间美味。一直想吃的，不是腌菜，是菜干蒸肉。

北方人吃炸酱面，味儿胜过肉丝面，南方人不知有炸酱面，把酱当下饭小菜，作腌制酱萝卜酱生姜的卤汁。

制酱都在初夏。原料，有黄豆，有面粉，主要是用面饼做甜蜜酱。先将面粉用水拌了捏成长条，一块一块切成像刀切馒头，蒸熟，凉在匾上，置于阴暗处。数日后，面饼上长出白色的绒毛，再变成青绿色的粉末，说明面饼发酵成功了。未去请教现代制酱行家，那白色绒毛和青绿色的粉末，极可能是制酱的菌种。烧半锅开水，放盐，散热，成冷盐水，将发了的面饼置入水中，将面饼浸没。盛器就叫酱缸，专门用来做酱的。酱缸白天拿出去日晒，晚上搬回屋。天天如此。

白天可以看到，面饼化开，不时冒出气泡。好像我见到，我娘用筷子在缸中捣拌，将面饼捣碎拌匀，成了糨糊。一天一天，半月后，翻开酱缸盖，就闻到一股酱香味，酱制成了。这时还不吃，还是放到太阳下晒，已是热天，太阳蛮毒了，酱晒得发烫，颜色成酱色了，又香又甜。

早晚没有腌菜吃了，开始以酱代菜。说实话，我对酱不如对腌菜感兴趣，腌菜的菜心好吃，酱又不能大口吃，用汤匙勺半匙放在粥上拌了吃，犹如吃酱拌粥。两三个月，天天如此，酱再香再甜，也吃厌了。最想吃的，还是酱萝卜酱生姜。我娘早就无牙，又没有装假牙，就吃酱。酱吃了一半之后，要到九十月有萝卜有生姜了，就酱一些萝卜生姜，不多，几斤而已。先将萝卜生姜剖开，晒成半干状，再放入酱中，十天半月就可吃。一碗粥，两三根酱萝卜，津津有味。

我娘还酱一种叫洋生姜的，也叫酱生姜，其实，不是生姜，学名叫什么，说不出来。我家屋前有块地，不知什么时候长出了洋生姜，开始一株两株，几年成了一片上百株。洋生姜阔叶株粗，犹如灌木，丛生，密布，高二米。根下结像生姜块状形的茎，状如生姜，无辣味无姜香，如马铃薯，可蒸了吃，又如红薯。洋生姜产量极高，根下密布茎块，一小块地可产五六十斤。像酱萝卜一样，如法炮制。酱洋生姜，比酱萝卜还好吃，洋生姜肉又甜又脆。一天一天，酱存姜少，用筷去掏，掏来掏去，掏一块心一乐。那时不知台湾柏杨，今日会心一笑，那就是柏杨发明的酱缸文化呀，我也是酱缸文化的始作俑者。

江阴农村中午饭有什么菜？也可一说。新中国成立前后，直至

70年代，一年到头，没什么菜，就是房前屋后宅基地上的蔬菜，青菜韭菜菠菜蓬蒿为主，少许人家田头有河，种点茭白。中午常是炒碗青菜，“大跃进”吃食堂，也是一钵饭一碗青菜。一个月有一次肉吃，那这户人家就是那时的小康人家。多数人家常是几月不闻荤腥。吃得多的是门前买的豆腐，几分钱一块，或用黄豆换。有豆腐吃也算开荤。50年代初，随意买得到豆腐，后来难买，再后来凭票。难忘，大冬天半夜到江阴城里排队买豆腐，一人两三块，五六个小时，脚冻得发麻。

有苦，也有乐，也有终生思念的菜，终生回味的味。那时，江阴盛产三大江鲜，刀鱼、鲥鱼、河豚。河豚有毒，需特殊制作，农家一般不食，刀鱼、鲥鱼，多数人家总要买一两次，大多是江阴城里集市卖不掉，沿村叫卖。今天二鲜大多人吃不到了，此味难忘。还有二味，豆板咸菜汤和清蒸咸黄鱼。麦田夹种蚕豆，嫩食外，长老成蚕豆，留些做种，冬炒蚕豆吃，夏天豆板蒸熟加咸菜味精泡汤，好下饭。江阴有港口，出海捕鱼，暮春大量黄鱼上市，村民去买小黄鱼，角把一斤，买数十斤，洗净沥干放盐放酒置入坛中用水密封，到夏天蒸了吃。农忙，一碗清蒸小黄鱼，一碗咸菜豆板汤，美哉，斯菜!

斗笠蓑衣钉鞋油布伞

新中国成立后，不会超过十年，斗笠，蓑衣，钉鞋，油布伞，这四种在江南农村随处可见的雨具，都消失了。今日孩童要能见到，银幕里，诗歌里，乡村博物馆里。

斗笠与蓑衣连在一起，俨然是个套装，斗笠像礼帽，蓑衣像披风，农家常挂在壁上柱上。斗笠，用竹篾编制而成，两层篾片，中间隔箬叶。江阴农村有竹，不多，原料大多来自浙江。我们村上没有竹匠，镇上有一家竹器店，自产自销，以编制箩筐为主，斗笠附带做做而已。也有竹匠挑个担儿，沿村叫卖的，卖竹篮卖斗笠，有时边做边卖，一圈小孩围着他。斗笠也有叫箬笠的，可能原料和产地不一样，箬笠用一种阔叶的箬竹制成，故称箬笠。

蓑衣的原料，分两种，一种用棕榈树的外皮，称棕皮。棕榈树，我国秦岭以南有栽种，现在江南园林、道旁偶可见到，不多。那时用作蓑衣的棕皮，估计也来自南方，福建、广东、广西。镇上有一家蓑衣店，同样自产自销。后门倚河，原料船运送来。店主不是本地人，有可能来自产棕皮的地方，那里有制作蓑衣的手艺。

我们那儿的蓑衣，大多用蓑草编制而成。蓑草，各地叫法不一，有蓑草、山草、龙须草、羊草、山茅草多种名称，是一种药材，草、根、茎可入药，清热解毒。多年生草本，长至40~70cm高，春夏间采收晒干。《说文》曰：古名衰，后加草字头，可绕绳，故名蓑草；羊喜食之，又名羊草。江南普遍用的蓑衣是不是用蓑草做的，尚可存疑。江南有一种草，叫灯草，种在水田里，类似席草。灯草有芯，白而细，极轻，用来作油灯的芯，照明用，我们那儿新中国成立初还用豆油灯。我读小学时两眼就近视，与油灯下读《七侠五义》之类的小说有关。灯芯，佛教徒还用来念经，一支灯芯代表念一遍经。我外祖母常念经，念《心经》，把念过的灯芯用纸包好，为我和我哥求平安。灯草的皮，色淡黄，轻而滑，不沾水，极像蓑草。

斗笠蓑衣，农耕时代的一大标志，起于何时，很难说准确，翻翻《诗经》已可见到。《小雅》有诗曰："尔牧来思，何蓑何笠。"大意是，你的牧人来了哟，背着蓑衣背着斗笠，何即荷。斗笠蓑衣进诗，着实不少，"青箬笠，绿蓑衣，斜风细雨不须归"，"孤舟蓑笠翁，独钓寒江雪"，"自庇一身青箬笠，相随到处绿蓑衣"，既是江南诗景，又可见证，斗笠蓑衣为农家寻常物。

说实话，我对斗笠蓑衣，毫无兴致。平时，农家很少用斗笠蓑衣，斗笠单独用多一些，村上串门挡一挡雨，上街也不大用，单用斗笠，身上遮不了雨，主要是下地用。头戴斗笠身披蓑衣，手握扁担之类的农具，俨然古时的士兵。用斗笠蓑衣几乎在夏种，那时江南雨多，又抢农时，常可见到农民戴斗笠穿蓑衣，低头弯腰插秧，挑猪灰撒河泥灰，坌地平地。诗人只见其景，不知农夫之苦，热天雨中穿蓑衣，都是赤膊而穿，蓑草虽滑，与皮肤相擦，又痒又疼，雨水难免打进，与汗水混在一起，背上又湿又热。有几次，我们几个小年轻，把蓑衣扔了，赤膊挑河泥灰。

大约20世纪50年代末，60年代初，塑料出现了，塑料雨衣进农家了，几乎没有交替时期，斗笠蓑衣一下子就消失了。与之同来农村的，还有化肥农药。就此宣告：传统农业画上了句号。

钉鞋油布伞，我儿时的雨具，伴我上完了初小。那时，新中国成立前后，应该有胶鞋布伞了，农家很少去买。个别人家有，那是稀罕物，胶鞋称套鞋，布伞称洋伞。一起称洋的，还有洋火洋油洋袜。

钉鞋，像棉鞋，先用粗布做鞋帮，纳底，做成鞋，再请鞋匠在底上钉上钉，钉是圆头的，很像足球鞋。是不是外国的足球鞋受中国钉鞋启发而成，待考，不谋而合肯定是有的，以钉防滑。鞋制好后，用桐油刷，油浸入布中，刷上多遍，置于日头下晒干。开始，鞋帮还软，颜色金黄，像金鞋，在泥水中踩过，一年半载后渐渐发硬发黑。

伞的基本结构，无论中外，无论古今，都没有大的变化，变化的是用料，还有开启的自动程度和长短的伸缩。农家的油布伞，不像钉鞋家家可以制作，做油布伞要有技术，镇上有专做专卖油布伞的店。推想，与做钉鞋相似，先做好伞骨，再上伞布，然后上桐油。

伞是有诗意的。戴望舒有首有名的《雨巷》诗："撑着油纸伞，独自彷徨在悠长、悠长又寂寥的雨巷，我希望逢着一个丁香一样的结着愁怨的姑娘……"雨巷，油纸伞，彷徨，丁香，姑娘，多有诗意。可是，诗中不是油布伞，是油纸伞。看来，油布伞，油纸伞，一个家族两个分支，一伞握着的是士人城市，一伞握着的是农夫乡村。油纸伞，入诗入画入戏，油布伞，一雨具耳。若用油布伞，雨巷中的姑娘，西湖上的白娘子，就无味了。不过，我对油布伞还是情有独钟，不止一次读过《雨巷》，有多少次在苏州穿过雨巷，但都没有诗人的感觉，有感觉的，还是油布伞，看到油纸伞就想到儿时的油布伞。

背着书包，脚穿钉鞋，手撑油布伞，雨中，一个一个，像移动的蘑菇，走在通向学校的田间小路上。这就是新中国成立初期，江南农村一景。到了学校，进了教室，教室后面尽是油布伞，地上到处是钉鞋底里掉下的泥。有的学生，带双鞋子换了，多数还是穿钉鞋。时间长了，钉鞋硬了，不穿袜子，皮常被磨破，有时还进水，又冷又湿。天稍热，宁赤脚，不穿鞋。

踩高跷，今日仍可见到，在乡村节日文艺演出中。儿时踩高跷，一在玩，二可代雨鞋。用两根粗竹竿，最好锄斗柄，用一根细竹管，斜绑在竹竿上，再用草绳一圈一圈缠上，做成脚蹬，高跷就成。不下雨，地上泥泞，距学校不是很远的男孩，就踩着高跷上学。我也踩过，有过从高跷上跌下来的记录，不小心一根竹竿踩到田里，拔不出来，一脚踩空，人倒在田里，半身是泥。此后，我娘再也不准我踩高跷上学，把高跷劈了当柴烧。

钉鞋油布伞，不像斗笠蓑衣很快被塑料雨衣替代，有十年八年的共存期，还是被胶鞋布伞替代了。主要原因，不在价格，在笨重，在携带使用不便。有个存疑，同是雨具，斗笠蓑衣入诗入画，钉鞋油布伞极少见到，缘何？王国维先生能不能在《人间词话》中加一节，说说为何斗笠蓑衣何厚，钉鞋油布伞何薄？

捕鳝抓蟹捉蛇钓田鸡

捕鱼捉虾，抓蟹捉蛇，钓鳝钓田鸡，抓鸟捉知了……农村小孩的乐事，农村小孩的口福。要开荤，要尝鲜，自动手，一年四季都有。破坏生态？有的是，不全是，有鳝捉有蛇抓，捉了抓了可以食，生态良性也。

小孩捕鱼抓虾，常在夏天。一边嬉水，一边随便瞎抓，七抓八抓，就抓到一条鱼。水塘岸边多小虾，抓一个就往嘴里送。夏天大雨，塘水与稻田直通，鱼涌进水渠。有次大雨过后，我见渠中有鱼，用泥把排水沟两头筑了坝，再用水桶把水戽干，捉到一二十斤鱼，多是半斤重的鲫鱼鳊鱼。我娘笑得合不拢嘴。冬天小河水低了，两三个小兄弟合伙搭帮，筑堤戽水，每次都能斩获十来斤杂鱼。小虾特多，能抓半篮。鱼分虾不分，每人出几勺油，在一家汆面拖虾吃。美味，至今仍想吃。

江阴沿江产的蟹，称沙蟹，与阳澄湖大闸蟹，可能都是一个种，称中华绒螯蟹，蟹种都来自长江，个头和味道，差别却很大。究其原因，还在水土。江水混，湖水清，什么水养什么蟹。江滩芦苇里，盛产蟛蜞，形似蟹不是蟹，很少食之，今日，江阴饭店有一冷盆，醉腌蟛蜞螯，味儿挺不错。捉蟹，大都小孩为之，常在夏秋。可用铁丝做成钩，装上蚯蚓钓，蟹挺笨，两螯夹蚯蚓，死死不放，从洞中被拖出。也可用铲子在田岸上挖，田岸有蟹洞，若洞里有蟹，洞边有新泥，还有蟹进出留下的脚印。北风吹，蟹脚痒，蟹喜灯火，常往亮处爬。在河中排一竹排，沿至岸边，搭一草棚，挂一油灯，披一棉袄，静坐棚中，守灯待蟹。蟹不知有诈，爬到岸边，尽入笼中。秋天割稻，也常能在稻田低洼处捉到蟹。有次，我在塘边一小潭捉到整整一虾箩的蟹，大大小小，软的（刚脱壳）硬的，有十多斤。煮了一锅，与邻居分而食之。在农村，食蟹寻常事。到了苏州，方知苏州人食蟹，大事趣事，不得其解，食蟹算什么。久了，少食，偶尔食，方知蟹味。

捉黄鳝，有三法，一钓二捕三挖。夏天在田岸上钓，用铁丝磨尖弯成钓钩，装上蚯蚓，伸进蟹洞（蟹与鳝同居，或蟹废弃的洞），鳝性直，见蚯蚓进来，就是一口，被拉出洞。黄鳝常在稻田岸边采卵，一大摊，可见丝状的小黄鳝，附近必有大黄鳝。用鳝笼捕黄鳝，那是一个行档，常是外地渔民，摇一只小船，夫妻加小孩，放数十上百只鳝笼，多在刚插秧之后。鳝笼用竹片编成，圆状，有进口，里放蚯蚓，鳝能进不能出。鳝笼有得卖，我买过几只，放过。冬天，用铲刀在田岸边挖黄鳝，我们村上有个老把式，真是成精了，他从麦田横走看田岸，边走边看，哪个洞里有黄鳝，逃不过他的眼睛，几铲子下去，一条黄鳝出来了。有的洞很深，挖到洞底还不见鳝，就用钩子进洞勾，鳝被勾出，浑身是血，常常是半斤以上的老黄鳝。挖黄鳝，费力，又要识洞，小孩很少去挖。

蛇与田鸡，农家的朋友，都很少食之。蛇基本不食。不管什么蛇，小孩都怕它，都要打杀。江阴农村有蝮蛇，毒蛇；火赤链，无毒，稻田麦田都有，割稻割麦常碰到，挺吓人；最多的是水蛇、青梢蛇，家里有俗名黄鳗蛇，青梢蛇黄鳗蛇体形大，可至十多斤，剥了食之的是青梢蛇。青梢蛇喜居土岗边的麦田和苜蓿田中，可能一是高爽，二是鼠多。有一年初夏，我们四五个小年轻，在一土岗下割苜蓿，割至岗下，见多条青梢蛇集在一起。蛇见我们逼近，也不向土岗上爬，刷地头竖起来，有一米高，口吐叉舌，与人相对峙。我们都吓了一跳。对峙一会儿后，不知谁喊了一声“上”，用扁担横扫过去，你一扁担，他一扁担，打在七寸里，七八条蛇英勇牺牲了。足足有二三十斤，拖回村，把全队小孩叫来吃蛇肉。蛇极易剥，用绳吊起来，颈部开口，往下一拉，整条蛇的皮都下来了。放了几根莴苣笋，煮了一大砂锅（说是蛇肉不能见铁器），香气四溢，吃了一碗再一碗，半个时辰，一扫而光。实告，我没吃，吃了几块莴苣，我打了蛇又剥了蛇，心里发腻发虚。回家，被我娘数说了一通，说蛇要报复的。此后，再不捉蛇。

镇上见不到卖田鸡的，杀田鸡，卖田鸡肉，农民称作孽。捉了食之的，都是我们这些十岁左右的大小孩。说实话，捉田鸡，一是为了解馋，那时饭桌上，今天是青菜，明天是菠菜，少有荤腥；二是为了玩，钓田鸡有趣，有点恶作剧式的农村小孩的玩耍。弄根细竹竿，一根绳子，不用铁钩，系一只蝗虫或蜻蜓之类的昆虫，就可钓田鸡。大热天，稻田水发烫，田鸡到稻田边的黄豆地里歇凉。虫钓一上一下提升，田鸡就争而食之。田鸡习性，虫进了口，就不放。钓绳提起来，田鸡四足乱抓，也不松口，等你去抓。用不了一个小时，就能抓到一二十只我们那儿称之麻鸡的大青蛙，可烧两碗。杀田鸡，确是不忍，蛙两爪护头，一刀切下，连头连爪都切掉。我娘不食，也只准我捉一两次。

新中国成立初，江南多鸟。燕子春来，在农家屋檐下筑巢，也飞入室内把巢筑在正梁上，农民认为是喜事，由燕子飞来飞去。筑巢时，燕子忙忙碌碌，衔泥衔草，有了子女，捉虫喂食，光身子没长毛的小燕，张开小口，争相得食，一屋子叽叽声。深秋初冬之时，翻了稻田刚下麦种，头上一点红浑身着黑衣的乌鸦飞来了，黑压压一大片，七八亩地停满了，乌鸦寻食翻地翻出来的虫子。也许与人熟悉，从无捕杀，小孩走近，乌鸦也不飞走。大约70年代就见不到成群结队的乌鸦了，可能被“文革”武斗炮轰走了。

我们那儿，没有捉鸟食鸟的习俗，偶尔为之的，也是我们这些大小孩。春鸟不能捉，正是下卵时。有两种喜鹊，一种银灰色，一种衣黑色，银灰色的也称洋喜鹊。我们常想养喜鹊，上树捉小鸟。有次，我与村上一小学同学，下午逃课，到邻村的树上捉小鸟。他爬树本领比我大，我在下面放风，给他拿鞋子，有人来就走开。可惜，每年养喜鹊，都没有养大，几天过后小喜鹊就夭折了。

堂而皇之捉过麻雀，美食加除"四害"。麻雀晚上常进竹园，江阴少竹，一村两村偶有一处竹园，麻雀集而宿之。我上初中时，四五个男女同学，商量好晚上捉麻雀。有同学家有捕鱼的扳网，用两个竹竿撑开，置于竹园的一面，在另一面两个同学摇竹子，雀儿受惊，纷纷飞向网中，头撞网，穿进网孔，翅膀身子被网扎住，成网中之鸟，一网有数十只。连皮带毛，一剥而尽，洗尽置锅中，烹而食之。麻雀肉少，食两腿，汤鲜美。麻雀倒霉，属"四害"，食之无憾，少男少女嘻嘻喳喳。

捉知了，农村小孩夏天的营生。先用麦皮，称麸皮，放点盐放些水，用手捏，出面筋，再用水漂，麸皮去掉留面筋，面筋胜胶水。将面筋置于长竹竿顶端，不声不响伸进树丫，知了可怜，名叫知了，就是不知不了，还在唱歌，发觉迟了，牢牢粘住，扑腾无用。知了捉来，置于笼中，听其唱歌，也置于灶膛底火之中，煨而食之，又脆又香。知了夏末产卵于树干地下，春末蛹出土，成知了。树下翻土可得知了蛹，煨之可食。困难时期，大自然赐予农村小孩的高蛋白。

偷瓜偷枣偷鸡偷豆儿

孔乙己名言：偷书不算偷。农村一俗，小孩摘个瓜儿，挖个萝卜、山芋，解个馋儿，不能言偷。即使困难时期，粮如金银，田头少了几个瓜，嘀咕几句，也不当真。有谚云：瓜田不弯腰，桃下不伸手，怕被怀疑偷瓜偷桃。此谚对小孩不适用。

说实话，我们那一帮十岁左右的大小孩，个个馋嘴，农村又没有什么零食吃，又是长身体的时候，肚子老饿，看到能吃的，就顺手摘了挖了扯了往嘴里送。更主要，农村小孩没有偷是不好的，是思想意识问题的概念。

我们村上旱地不多，村北河岗两面有点旱地，一种瓜老把式种了半亩地甜瓜。瓜地上搭一草棚，内搭一木板床，到瓜快要熟了的时候，老把式一天24小时都在瓜田，白天在田头转悠，晚上住草棚。我们这帮馋嘴两眼早就盯上了瓜地，早想去光顾了。

一天下午，趁老把式坐在瓜棚里，三个人脱得精光游到对岸偷瓜，一个人放风拿裤子，我在偷瓜小分队之中。一上岸，我们见瓜就摘，一人摘了四五个瓜，转过身子正想游回对岸，哪知老把式神不知鬼不觉立在河岸边，挡住了我们的退路。虽说偷瓜不算偷，毕竟是偷，心还是虚的。我们赤条条两手抱瓜，拿也不是放也不是，一个个低下了头，像犯人等审判。可是，老把式没有骂我们，只说你们摘的瓜还不甜，你们就拿去吧，下次想吃瓜来问我要，摘熟的吃。我们又嘻嘻笑笑，抱瓜跳入河中。此后，再也没有去偷老把式的瓜。

吴县东西山产枣，江阴很少见到，我们村上仅有三棵枣树。在村中，一边连晒场，一面临稻田，树干蛮粗，枝枝丫丫，有十来米高。那枣叫白婆枣，生时青泛白，熟了着红袍，可生食，吴县用来做蜜枣。三棵枣树归一大户人家所有，他家屋大人不多，子女在外地工作。他家从不把三棵枣树当回事，至多集中采一次，有几年采也不采，任村上小孩你一颗他一颗采了吃。也正是不把枣树当回事，他家在村民中口碑很好，说大气。与此相反，若自留地宅基地上少了一棵菜一只瓜，又叫又骂，村民都不同情，反说小气。

夏末，三棵枣树满枝满丫结着枣儿，村上小孩在树下转来转去，看枣子能不能吃。枣子还没泛红，就伸手采了吃，一股生涩味。伸手能采的采了，就爬上树采，爬树采不到就用竹竿敲，一人敲，一群小孩拾，一边朝嘴里送，一边往袋里藏。毕竟没有得到主人同意，主人屋里出来，说一声“好啊你们偷枣”，大家一哄而散，竹竿也不要了。最后，树梢上存几颗枣子，就用小砖头扔，击中掉下，都是甜枣。

常熟有名菜“叫化鸡”，叫花子以泥涂鸡烤食而来。我们发明了“叫化鱼”。我们村上仅有二塘，种菱养鱼。菱儿还是尖尖角，第一个尝鲜的肯定是我们这帮大小孩，岸边伸手采得到的，早就采掉了。养的鱼称家鱼，不准钓不准下网捕，偷鱼要罚。罚大人罚不了小孩。我们几个捣蛋鬼，从家中偷出丝网，或做一串鱼钩，或网或钓，网到钓到的鱼不拿回家，偷偷到河岗树下烧了吃。刮鳞，取出肚中之物，洗净，河底取淤泥，厚厚一层涂在鱼身上，挖一灶洞，灶下生火，鱼置火上，泥烧干烧裂，剥开泥，鱼肉已熟，肉儿雪白，又鲜又嫩。

秋收，稻黄割了，毛豆也长饱了，稻田常有捆稻的稻草留下，我们就去拾来，到岗上拔一捆毛豆，用稻草煨毛豆吃，一道浓烟升起，大人知道几个馋鬼又在偷烧毛豆吃了。毛豆秆儿烧着，毛豆在毕毕剥剥声中掉于火灰之中。我们用树丫在灰中寻豆荚，剥开豆子放口中，别有的青香味儿。吃饱了，两手两唇墨黑，河边抹个脸，回家。农家孩子苦，农家孩子也有乐。

现在萝卜胡萝卜一年四季都有，那时只有秋冬之交才有。萝卜家家都种，两用，一作蔬菜中午烧了吃，一作腌菜或腌或酱早晚小菜，萝卜叶子，也用来腌了吃。胡萝卜少有人家种，困难时期成了宝，“瓜菜代”的一大主力。上初中了，已有偷食的是非观了，不能再随手偷食了。上学路上，有河岗，秋种萝卜山芋。村上同学之中，顺手牵羊，摘瓜拔萝卜还是有。

困难时期，几个萝卜，几个山芋，一顿饭。路边半畦的萝卜山芋没了，种的人家心疼，放学时在路边守候。被抓住了，无话可说，认了错还告诉学校。老师把我们一路七八个学生“留校”，不管是谁，都写检查。没有处分，认错算了。老师说，要明白，偷瓜偷枣偷山芋，哪怕一只一个，都是偷，属于思想品质问题，今后凡发现要处分，不能评三好学生。后面一条，对我特管用。

偷鸡摸狗，小偷之谓，小偷偷，与摘个瓜儿拔根萝卜，性质一样，在农村，那是两码事。偷鸡摸狗，上线上纲了，是真的偷了。这在农村，泾渭分明。十来岁的大小孩，一个大一个小，介于大人与小孩之间，是非观也是这样。真正让我们这些大小孩明白何谓偷何谓拿，何是何非，真的是在一次偷鸡之后。一天晚饭后，我们四五个大小孩在一个单身汉家里说白相，说了一个时辰肚子饿了，谁说想法弄点吃吃。提了几个法儿，偷豆，偷玉米，偷山芋，都是素的。单身汉说，屋后黄豆地里有只鸡，不知是谁家的，又不是到鸡笼中去抓，捉来杀了吃。没有人反对，一刻钟鸡就下锅了，再过一二十分钟，鸡进肚子了，汤也喝得精光。

大家吃得嘴上油晃晃，一觉醒来，出事了。那鸡是我婶娘家的，早上发现鸡未进鸡窝，找了一个上午没找到，开始当被黄鼠狼叼走了，听邻居说昨晚闻到鸡香，知道被偷吃了，也不点名道姓，在村上大骂。我娘问我：有没有偷鸡？我说又没有偷，鸡自己跑出来的。

我娘大怒，随手拿起铲刀柄就打，边打边说这世里没吃过鸡，刚好打在头上，血流满面。我娘还拉着我上婶娘家认错，赔一只鸡。我婶娘见我头破了，反倒说我娘不该打，坚决不要赔，吃了就算了。我们这几个大小孩，受到了一次偷的教育，受惠一生。

儿时偷瓜摸枣也有受累的。我有个远房堂弟，与我相差四五岁，父母早逝，由祖母带大。小时与我们一样，偷瓜摘枣，不当回事。长大成人，祖母管不了，今天到人家菜地上弄几棵菜，明天到人家瓜地里摘几只瓜，养成小偷小摸的习惯。合作社了，到大田里偷稻，鱼塘里偷鱼，夜里到村上人家摸鸡，有时被抓住，看他是孤儿，都不忍打，放一次抓一次。后来，到城里去偷了，再也没回家。

看来，农村要向城市学习，从小就教育不拿别人一瓜一枣。

铁环陀螺洋虫蛐蛐儿

有小孩，就有玩，就有玩具。区分的是，穷有穷的玩法，富有富的玩法。富的玩法是买来的，穷的玩法是自己做出来的。既动手，又能玩，农村出来的人，比城里人动手能力强，这可能与小时的玩法有关。

玩铁环，是农村小孩最早的一种玩法，五六岁就开始玩。玩法简单，容易得到，容易做。铁环实际上是铁圈，盆桶上用的铁箍，每家人家都有旧废盆桶，铁箍就成了孩子的玩具。要做的是铁丝一端的弯头，像“U”状，既可推铁圈往前滚，又不使其倒下。常常是，一帮小孩，一人推一铁环，一个跟着一个，从村东头推到村西头，有点壮观。有的小孩找不到铁环，就偷偷将盆桶上的铁箍敲下来，盆桶散了，一顿好骂。

城乡都有一种玩具，有叫碌碡，有叫骆驼，音相近，所指的含义都不对。碌碡是石棍，用来脱粒的，骆驼更是风马牛不相关了，应该叫陀螺。陀螺形似海螺，是个圆锥体，上下两个，连在一起，上低下高，硬木做的，高的一头着地。玩法，先用一根比手指细的棉纱绳，一圈一圈围在下面一个锥体上，抛出迅将绳拉回，锥体高的一头着地，再用绳抽打，使其不断旋转，越抽越快，所以，还有别名贱陀螺。此名倒真有点意思，人有惰性，环境抽打，愈加奋进。农村小孩的陀螺，大都是自己做的，集市有得买，很少有人家去花这个钱。我的同龄人都做过陀螺，有用椐木做的，有用楝木做的，木质很硬，先锯后用刀削，一点一点削出来。

城乡也都放风筝，农村有两种，大人玩的与小人玩的。大人玩大风筝，是村里出资做的，很大很大，蝶状，两个翅膀有近十米长，用竹和布扎成的，上了桐油。拉的绳子，是麻绳，有三四个手指粗。在大田里放，正月，麦苗刚出土，踩也没关系。一村几十个男人，四个人拿风筝，十来个人拉绳子，风筝升空，往前快跑。全村的女人、小孩立在田岸上看。风筝上天了，绳子系在树上。一放，就是好多天。只是新中国成立前后放过，后来再也没看见。

小孩用竹片和纸扎成风筝，都是小风筝，一个样儿，也都是蝶形，有的装上两条飘带。扎风筝要竹子，我们村上只有一两户人家有个小竹园，几十根竹子，细的一种，称燕竹，浙江才产粗的毛竹。一到春天，那两个小竹园正出笋的时候，小孩就去光顾竹子，用来扎风筝。主人家发觉了，也不太当回事。我做过一只大风筝，翅膀有两米长，可能比例不对，夭折了，没上天，懊恼了好一阵子。竹子和纸都来之不易，风筝放得不高，没有尼龙绳，小小风筝也有材料问题。中国制造歼击机，用上了碳合金，才有了性能的突进。

弹弓，是男小孩的专利，书包里大都能翻到。弹弓是个武器，小孩之间，一帮一帮之间，用来开战；主要用来打鸟，用来练眼力，叫练眼锋，看打得准不准。做弹弓很容易，找个小树丫，剥掉树皮，装上橡皮筋就成。缺的是橡皮带橡皮筋，要花钱去买，偶尔弄到自行车内胎，剪成条状，也可充当。弹弓用的子弹，常用细石块，少有铁弹钢球，有几颗藏而不用，是核弹头。开过仗，出过事，头破血流，一同学一眼差点被打瞎，所有弹弓上交老师，被老校工一只一只砍断，大家对老校工恨得咬牙切齿。

用弹弓打鸟无人干涉，同学之间常比，谁的眼力好。有一弹王、二弹王、三弹王之称。一弹王是邻村的，比我高一级，特别贪玩，拿起弹弓，一举手，弹出鸟落，学习成绩差，却有号召力，许多小同学都围着他。我小学就读剑侠小说，脑子里装进了不少有关侠客的词儿，拿来送给他们，叫一弹王百步穿杨，二弹王弹无虚发，还美美地写进了作文。老师加批，两个词儿用得不错，打鸟不可，打人更不可，得分：60分。

玻璃弹子，有一色的，有彩色的，七彩在球中，煞是漂亮，自己做不成，只能买。也有相互交换送来送去的。有几颗玻璃弹子，像宝贝疙瘩，藏在口袋里，上课时也会去摸摸，看在不在。小小孩不许玩，怕进口中，五六岁、七八岁的大小孩玩。在晒场上挖几个洞，像天上的七斗星。比赛时，一手着地，用大拇指拨弹进洞，每人拨一次，一次一次轮着，直至弹子进洞，从一个洞到另一个洞，看谁第一个弹子进最后一个洞。这有点像打高尔夫球，中国式的高尔夫球。

玩铜板，很简单，拿两块砖，一块平放，一块斜搁在另一块砖上面，两手夹铜板，从胸前掉在斜砖上，铜板靠一股力，往前滚，看谁的铜板滚得远。比很多次，看最远的一次。玩弹子玩铜板，比谁高谁低，有输赢，小孩子自然而然把赌博引了进来，输掉的给弹子给铜板，再用钱买回来。有时输得不甘心，说你耍赖，玩法不规则，先动嘴后动手。看来，人与人之间的输赢是赌博之源。农村小孩早有赌博心理，或许与玩法有关。

农村小孩还常与小动物相伴而玩。养鸟，不多，大人养得多，一个村个把两个，称游手好闲，提鸟笼上镇喝茶。小孩捉鸟，养不了几天，鸟就死了。养狗，我们村上也不多，一般小孩怕狗，即使养了狗也不大玩。玩得最多的是养洋虫斗蟋蟀。

洋虫，不是西洋来的虫，究竟叫什么虫，谁也没搞清。叫洋虫，或许是故弄玄虚，这个虫儿宝贝。或许此洋不是洋，是阳，是养，是养虫，音相同而已。洋虫，与许多昆虫一样，有卵有成虫有壳。把卵置于小匣中，火柴匣也可以，匣中放棉布或棉花，卵化成成虫，与米缸里的米虫并无不同，养洋虫就是养这样的成虫。给虫的食品，堪称高级，花生米、红枣和核桃肉。小孩很少吃到的食品，心甘情愿给虫吃了。过了一段时候，成虫成了黑色的甲壳，一年养洋虫，到此为止。这只是农村小孩的一种玩法，并无什么乐趣。大人大都不赞成，说洋虫有什么养头。记得，20世纪60年代之后就断了。

农村养昆虫，最得劲的是养蟋蟀，也叫养蛐蛐儿。那可是当回子事儿的。新中国成立前，我从床底下，就找到了好几只养蟋蟀的盆儿，挺精致，澄泥烧制的，盖上有花纹，有的是兰花。听我娘说，以前村上养蟋蟀很兴盛，男的几乎都养，像是个行当，村上镇上斗蟋蟀，有输赢，像压牌九。赢了的蟋蟀，比亲儿子还宝贝。从长相、个儿，定名称，称王称将，有买卖，价格不菲，斗蟋蟀倾家荡产的也有。

新中国成立后，只有小孩养蟋蟀，养了玩儿。蟋蟀都是家前屋后捉，菜园子里有，大多在宅基地的乱砖堆里。蛐蛐个儿小，很灵活，一跳就不知哪儿去了。乱砖头里有毒虫，不小心会被咬，想得蟋蟀，手破皮烂，在所不惜。十抓九难得，抓到的也不是可称王称将的，有时几天一个秋天才抓到一只“大将”。“大将”下盆，先是展须伸肢，接着猛地向对手冲去，一两个回合，对手掉头就逃，“大将”展翅歌唱，围观者拍手称赞。蟋蟀不能过冬，用棉布花絮包起来，也没用。大约是秋来蟋蟀叫，秋尽蟋蟀尽。

年糕团子长衫炒米糖

过年，不管穷富，在农村都是大事。尤其是小孩，盼过节盼过年，有新衣穿，有鱼有肉吃，还有过年才吃得到的年糕炒米糖。穷人怕过年，是有的，怕逼债，在我们村上毕竟不多。少富足，有挨饿，低水平的自给自足，新中国成立前后江南农村的年景。

夏历十二月初八吃“腊八粥”，与过年无关，是个分界，由秋入冬，由秋收进入冬藏。在江阴，吃“腊八粥”还是挺重视的，红豆黄豆蚕豆花生，米粉团子芋艿青菜，一大锅，从早熬到中午，全村香气四溢。小孩端上一大碗，聚在村头，边吃边比，谁家粥里杂七杂八的东西多。我家放的东西总比人家少，我从不与别人比，今日叫不攀比，少也吃得香。冬至在苏南是个大节气。冬至大如年，苏州人很重视过冬至，吃冬酿酒，店里卤菜卖光，江阴好像无所谓，没有吃一夜守一夜的习俗。只是一个信号。冬天来了，准备过年了，年味越来越浓了。

过春节之前，多数人家先做一件事：浸米酿酒。合作化前和联产承包后，每户人家都种上半亩地糯稻，糯米用来酿酒做年糕。也可用粳米酿酒，酒质不如糯米酿的醇。春节前一个月，就浸米了，先酿酒后蒸糕。先把浸的米到河里漂清，再用木制的蒸桶蒸米，米熟了再散凉，洒点水拌上粉状的酒药，置入大缸之中。中间有个小潭，派什么用，不清楚，若做成，潭中有酒酿，清清的淡绿，酒香扑鼻。先吃甜酒酿，一次一大碗，酒酿先甜后辣，一天比一天辣。五天、一周后，放水，五十斤米，百斤水，酒不很酽也不淡。酒上浮米糟，可单食，也用来蒸咸鱼吃，鱼酒相融，糟味极佳。从冬开始，天天喝酒，直到明年春天。

蒸年糕，不能全用糯米，浸米时就半是糯米半是粳米。大多人家要蒸一百斤米的糕，少的也有四五十斤米，就是困难时期也蒸糕，十斤八斤，村上人说意思意思，过年了。米浸上二十来天，同样在河中淘净，沥干，用石臼打成粉。米少，手握装有圆石块的木柄，上下在石臼中舂；米多，靠杠杆作用由脚踩的石臼打。我怕用手舂，又累又慢，五十斤米要舂大半天。打出的米粉用小筛子筛，细粉掉下，粗的再舂再打，直至全成细粉。

蒸糕分两种，一种叫大蒸糕，一种叫小蒸糕。大蒸用大桶，锅中放水，粉先用水拌成半干状，一层一层撒入桶中，熟一层撒一层，一大桶可做二三十斤糕。糕倒出细纱布包了用脚踩，使糕紧密，凉后用刀切成条状。小蒸糕则不用踩，一蒸就是一蒸糕。大蒸硬，小蒸软，我娘早就无牙，不蒸大蒸糕。舅家都蒸大蒸糕，想吃就去舅家。年糕置于水缸之中，用水浸没，防腐防硬。春节过后，天天早上粥里放糕，下午放学回家，锅里都有夹水蒸热的两块糕。到了苏州，想吃糕，有一年，江阴来糕了，美美吃了一个正月。还是那个味，似乎又不是儿时那个味。大约，有些味是不会重复的。

江阴人过年，不知什么原由，小年夜开始吃馄饨团子，尤其是团子，要吃到正月半，乃至一个正月。这么重视馄饨团子，或许是美食，或许是讨吉利，馄饨似元宝，团子表示一家团团圆圆。馄饨与平时做的，别无二致，都是菜肉的，要包十斤八斤面粉，皮子请人加工，清早就去排队，常常午后才拿到皮子。一下子煮熟，放在匾子里，要吃再热一下，一周食完。团子的馅就五花八门，三样是常规，豆沙、芝麻、笋干，有时还有荠菜，少有纯肉的。团子做得多，要一二十斤米粉，也是糯米粳米各半，有人家糯米多些。煮熟后，晾干隔数天后置于坛中。糕与团子都点上红印红花点儿，以示红火，江阴人叫红堂堂。每年，这都是我做的事，用筷子蘸上红水，一个团子一点红。团子与年糕一样，早上放进粥里，一碗粥两个团子，先吃掉团子再吃糕。

农村做麦芽糖，就是饴糖，历史很久了。起于何时，不清。记得，新中国成立前，我们村上就有。冷天，常在那里取暖。现在还记得，有一口大铁锅，用来熬糖，有一只四五个人才能围住的大木桶，用来发酵制麦芽。麦芽糖与饴糖并非一回事，麦芽糖是化学名称，是饴糖的主要成分。全国到处都有，北方以小麦、玉米和山芋为原料，我们那儿以小麦和糯米为原料。工艺相仿，先将小麦浸泡，让其发芽，芽长到三四厘米，取芽切碎待用。再将糯米洗净后倒进锅焖熟，并与切碎的麦芽搅拌均匀，让它发酵3~4小时，直至转化出汁液。而后滤出汁液用大火煎熬成糊状，冷却后即成麦芽糖块。

做麦芽糖是个行当，好像一直没间断过，我们村上没有了，不远的邻村有，夏歇冬开。一为四邻八村的人家加工，二为城镇饴糖店和沿村叫卖的小贩送货，年年生意不错。七八岁后，到上高中，我家几乎都是我去换麦芽糖。印象中，从来没有用小麦换过，都是用米细去换。米细就是细米，稻谷用石碾出米，再用筛子筛，细米掉下来，将糠粕去掉，细米不吃，用来换麦芽糖。家家如此。十斤细米，换四五斤糖。

用麦芽糖做成的炒米糖、炒豆糖、花生糖，农村小孩过年的美食。炒米糖家家做，花生糖不多。冬至过后，将糯米浸透，蒸熟晾干，春节前两三天，将冻米置于锅中，炒至微黄松脆，与化开的饴糖相拌，一块一块放在匾上，炒米糖就成了。做炒豆糖，过程差不多，大都是黄豆，最好水里冰过，豆更脆更香。小孩都喜吃炒豆糖和花生糖，吃光了，再去吃炒米糖。每家都要留几块糖饼，放在坛底，最后吃麦芽糖。不用刀切，用刀背一敲就碎了。

今日方知，麦芽糖还挺有文化的。十二月二十三是小年，这天家家祭灶王爷，从一擦黑鞭炮就响起来，随着炮声把灶王爷的纸像焚化，送灶王爷上天。传说，用麦芽糖粘住灶王爷的嘴，他到了天上就不会向玉皇大帝报告家庭中的坏事了。大约，这就是今日糖衣炮弹的前身。现在，大灶也没有了，不祭灶王爷了，由他去说好说坏，麦芽糖自己享用了。听医生说，麦芽糖有食疗功效，性温味甘，有养颜、补脾益气、润肺止咳、缓急止痛、通便秘的功效。还听到，周杰伦和林若宁都有《麦芽糖》的歌。

过年穿新衣，我的印记是穿长衫，着新鞋。儿时，年年如此。长衫的布，是我母亲织的布，布是细纱织的，有灰色细条子，不是专织用来穿的，是卖了多下的零头布。记得，那时，我五六岁，我娘为我和我哥各做一件长衫，开始真长，可罩脚背，一年一年人长高，衫变短，直到膝盖，像今日小姑娘的超短裙，才没穿。那件长衫，也不是经常穿，只有新年和去舅家、吃喜酒，才能穿。

救火洗澡抬轿抬棺材

江南不少习俗，已悄然无存。20世纪50年代初，是延续期，60年代之后，是断裂层。个中缘由，主要还是社会的变迁。

有种说法，中国人缺乏集体意识，自顾自，一盘散沙。中国没有合作的传统。此说绝对了点，合作意识还是有的，不强是事实，根源：一在小农可以自给，二在缺乏合作的社会组织。

今日救火，就是消防，是个专业，还是准军事级的。可见，消防是个特殊行当。新中国成立之前，江阴农村普遍有消防，直至五六十年代，后来被专业消防取代了。消防组织，称“救火会”，配有消防设施，全民消防，一有火警，全村青壮男人全部出动。消防配备，就是一台人力消防车，称“水龙”，一只红漆的大木桶，装有抽水器，靠一根木杠的上下作用，将水压出，配有长长的水管带子，不用时放在村公所（后来的生产队办公室）里。一只蹲着的红老虎，有种威慑感。

有一年冬晚，邻村失火了。四邻八村锣声顿起，随之“救火啊”响起来，一个个男人放下碗筷，从屋里蹿出来，往村公所奔，先到的抬了“水龙”就走。救火不走正路，从麦田抄近路。我们这些十来岁的大小孩，也把自己当大男人，一个个跟在救火队后面奔，麦田里有沟，跌倒了，爬起来就走，鞋子掉了也不捡。管子一头放进河里，一头装水枪喷水灭火。我们这些大小孩做下手，把水管拉直，破的地方，用手压紧，不让水喷出来。火灭了，一个个浑身全是泥水。救火不言谢。村与村之间有约定，有火必救，这就是农民的一种合作。

记得苏州有位女作家写过一篇题为《洗澡》的小说，写了江南农村妇女冬天进镇洗澡的情景，反映改革开放后农村的变化。背景是吴江，江阴也是这样。洗澡，说简单很简单，夏天往河里一跳，就洗澡了；麻烦的是冬天，村子里没有澡堂。夏天，男人下河，女人在家洗盆浴。每家都有洗浴的盆，有两种，一种圆的，上红漆，一种腰子形的，上桐油，既是浴盆，也是菱盆，秋天用来采菱，还有用来下河放丝网捕鱼。镇上没有浴室，江阴城里有，称混堂，只有男人可享用，去的也不多。我进混堂，在50年代后期，我哥哥从上海回来过春节，带我上城里去洗澡。

可能江南之外，很少听说有种锅，叫浴锅，专门用来洗澡的锅。那锅很大，边沿直径超一米。像烧饭的灶，下有灶膛，生火烧水，锅边有砖砌的灶沿，可坐人。不是家家有浴锅，我们那个小村，二三十户人家，就两口浴锅，有一口锅就在我家，一个家族合用。我家的第三进房是浴室和柴屋。新中国成立初，夏天也烧浴锅，女人洗，后来只在冬天。一个月至多两次，一般是一次，春节大年夜必烧浴锅。一家一家轮着洗，第一家把冷水烧热先洗。烧水的稻草，各人家自带。本来身上就脏，两三家人洗下来，水早浑了。那时，好像没有脏的概念，洗就是了。大约50年代末，我家那口浴锅，是破了，还是别的原因，就弃之不用了。后来，六七十年代，男男女女，到了冬天，都上城里洗澡去了。

江阴农村与其他地方一样，新中国成立前后，婚姻父母做主，由媒婆说合，也有小二黑结婚的故事。我们村上没媒婆，邻村有，村上人都去找她。那媒婆，长得挺俊俏，走路一扭一扭的。口碑倒也可以，很少做骗婚之类的缺德事，说是仅做过一次，差点出人命。说是有个大户人家，给了她一笔钱，请她说媒。兄弟二人，大的又丑又矮小，小的又高又俊气，说的是老大，看的却是老二，拜天地进洞房是老大。女的发觉，哭回娘家，父母找媒婆算账，媒婆说你们看错了，一帮人动起武来，上房揭了瓦，母亲说算了，米也烧熟了。有说命里注定，那老大婚后郁郁不欢，与妻子同床异枕，不久去世。嫂子与小叔成了家，倒也一世恩爱。1948年，媒婆来说合，我娘急着给我哥哥找了个小媳妇，十五六岁，长江边上的，来我家一年，新中国成立了，回娘家再也没来。

吴江、昆山水多河多，新娘子出嫁，大都乘船。江阴东乡西乡有塘少河，有河也难四通八达，姑娘出嫁都坐轿子。村上有两三户人家有轿子，所谓大户人家、做先生的读书人家。我见到两顶，一顶挺考究，顶是蓝呢或丝绒做的，一顶是青布小轿。出不出租钱不知道，家境好一点都去借呢顶轿，穷人家借青布轿。那青布轿，我坐过也抬过，几个小孩弄白相，吹吹打打，在村前转了一圈。吃喜酒，之前，只近亲一族的，老老少少都参加；后来，一个队里一家一个，近亲的还是全家。近亲的，男女都要帮忙，迎亲、抬嫁妆，买菜洗菜。小孩最喜欢的，吃“回门”圆子，新娘子当天晚上回娘家，要到深夜。新娘子回来了，放鞭炮，吃圆子，谁都可吃，叫花子也能吃。冬夜，我们几个小孩藏在草堆里，等吃那小圆子，吃了一碗再吃一碗。

江阴农村也重男轻女，若生子，过“三朝”，亲朋好友都要请来，喜庆一天。家境略好一点的人家，小孩都戴长命锁、手镯，银制的，一般是外婆、舅家送。我的长命锁，一直放在大柜的盒子里，后来不知去向。男小孩都读书，读到小学毕业，女孩不读，新中国成立后才读。有一道时代印记，我的祖母辈，都缠足，我看到过那白色的长长的布带；我的母辈正好处于交替时期，辛亥革命之后，缠了又放了，不是小脚也不是天然足，中脚，脚趾变形，有缠足的痕迹；我的同辈女孩，1940年前后，已不缠足。不管怎么说，我的同辈女孩还是幸福的，她们得到了一次解放，一次能终生放开脚步走路的解放。所以，毛泽东把革命从1949年追溯到1840年。

抬过棺材吗？我抬过，不过是空的。村上有人死了，全村全队的二十多个男劳力，都要去帮办丧事，用不到叫。我十四五岁，小学毕业后的小农民，也就参与其间。那时，50年代中期，农村还是土葬。八个人，包括我在内，到江阴城里买棺材。村上公用的，有一副两根抬棺材的木棍，直径有二三十公分，有眼子，插铁梢，连接扁担，可四人抬八人抬，空的四人抬，还有两根粗麻绳。那棺材松木做的，水分多，挺沉的。村民告诉我，抬棺材时腰要挺直，若棺材侧过来，分量都要压到你肩上。确实，路不平，棺材侧过来，有两三百斤。就此一次，抬过空棺材。出殡，没有叫我。

江阴一俗，人死上山。我们那个村，四周无山，南一二十里有山，名岐山，岐山西有花山。岐山不高，两三百米，山南就是华西村。说几千年前，岐山东临大海，姜太公在山上钓过鱼，有勒石刻碑。我父亲、祖父母都葬山上。村后有块旱地，有十来亩，有坟地，后来平整土地也平掉了。水稻田从不做坟地。大约60年代后，不再往山上葬人，村西有条小河，河岗上各家有一二分自留地，就成了坟地。这时，已无土葬，改火化。我母亲也葬在河岗上。

90年代末，可能已有规划，土地要征用，村上所有的坟墓迁到西南十里许的一小山上。那里成了另一个村庄，去世人的归宿地。活着的人，进城；去世的人，上山。坟地无人管理，杂草丛生，夏秋草过坟头，齐胸高。墓地东有公墓，朝西向阳，松柏青翠，趁我哥哥下葬，将我母亲和弟、弟媳的墓迁至公墓。

村外

村前村后都有路

路，六十年最直观的印记，最明白的说明书。

我们那个村，村东村西、村南村北都有路，从这个村到那个村，都是泥路，一米多宽。进了村，没有明显的路，一边是晒场，一边是水田；村南村北一条路，从村中穿过，把两个生产队分开。

烙在印记里的，有两条路。一条是进江阴城的村路，在村前；一条在村后，类似官道，离村还有里把路。

那条官道，有两三米宽，路边长满青草和马兰头。说是官道，是衙门官老爷修的，是公路。从江阴东门始，向东延伸，经过两三个小镇，有三四十里长。我没有全程走过，可能直到今天张家港市的杨舍镇。那时，杨舍属江阴，是江阴东面的大镇。这条官道，是江阴向东的主干道。十里八里一个亭子，道旁偶有几棵弯腰曲背长须飘飘的杨柳，一头两头耕牛在路边啃草，与中原的古道、西风、黄尘、瘦马，不一样，有江南味。

我们村上的主干道，是一村一村相接的村路，进城的另一半，由一个叫蒲鞋桥的小镇，与城相接。一半是泥路，一半是石板路。村后田间小路也可通蒲桥，村上人进城上镇，大都走小路。1959年，我入学江阴南菁中学，每周都要在这条小路上来回走一次，七八里路一个小时。早上进城，秋天有露水，裤管常被稻叶打湿。大热天，水稻田岸有泥鳅，随手捉上一二十条，回家开荤。1962年，也由这条田间小路，去上大学。那年八月底，正好发大水，我挑着被褥、行李，淌着水，摸着小路走出去的。

什么样的路，什么样的车。50年代前后，苏南农村几乎家家有独轮车，最主要的运载工具。春秋战国时的战车，比独轮车还先进，估计，江南的木制独轮车，已有千把年了。一个用硬木拼起来的轮子，轮子上钉有铁条，由一根根木棍支撑，装在一根圆木上。圆木上装有两个载物的架子，架子连着两根推把，推把上系有布麻结成的带子。推车人两手握推把，肩上套带子，低头向前推，力在轮上、肩上，腰、两腿、推把左右方向。推独轮车，要有点技术，车把式能推三四百斤的重物；推人，单人坐一侧，车侧了向前推，得平衡重心。我推过几次，推的都是轻物。泥路，独轮车，那时苏南农村运载能力的标志。

最初推动扩路的，应该是农机。我们村，50年代几乎没有大型农机，有一年出现过中型拖拉机，在稻田翻地，翻了半天，就不用了。60年代，没有新筑路，路拓宽了，原来东西、南北两条米把宽的泥路，拓宽到两三米，路面也改成砂石路，供手扶拖拉机用。有一年，我和我爱人、女儿回乡过春节，从汽车站到家，就是坐的手扶拖拉机。噗噗噗噗，机头直冒烟，车身一会颠上颠下，一会左右摇晃，女儿哇哇直叫。我可是一路笑嘻嘻，两手握车杠，立在车厢上，头发飘飘，临风而行，很有几分惬意。

20世纪70年代中期，乡镇工业发展起来，开始真正造路了。我们村离江阴城太近，与江南其他地方相比，算不得有规模的兴路筑路，很大程度是“借路”。在我们村的南面，相距一里路，由江阴城向东到山观镇造了一条公路，先是砂石路，后来改为柏油路，再改为水泥路，通农村公共汽车。乡的村的企业，一字长条排在马路两边。

我们村的村办企业，在村北，像一所学校，又像北方的四合院。院里有三四个企业，近百个职工，村上劳力外出后的富余劳力，真正亦工亦农的，都在村办企业。村的办公室，还有合作经济组织，也设在“四合院”里。村中的那条南北沙石路，经过“四合院”后门，转个弯儿，与沿江高速相接。

70年代，车子可直抵家门。现在开车去江阴，更便捷了，沪宁高速转锡澄高速，一个小时就到家。以前进出江阴都是难啊。50年代，江阴东门没有汽车站，车站设在西门。从村上步行到西门，一个半小时。江阴向西向南有两条公路，通常州，通无锡。两条路都不宽，十来米，两辆卡车仅可交会。去无锡的弹石路面，车子颠得厉害，坐在后排，人常被弹起，头碰车顶。到扬州读大学，乘车必经常州；到苏州工作，回家看母亲，必经无锡。一天两班车，买票不容易。尤其春节回校回苏州，那真是一票难求。天不亮就进城，车站人山人海，长队排出了车站。常常是，一早出门午后两三点钟才乘得到车。

我们那个村，那片土地，一半变成了开发区，一半变成了路。成为开发区，是一种必然，江阴城区沿江向东扩展；成为路，也是一种必然，南北交通的交会点，就在我们那个村。

90年代中后期，听说江阴要造长江大桥，桥址就在村北，黄山与君山之间。有一年秋天回江阴，我特地上了君山。君山在澄江镇正北，黄山在君山东面，都沿江而立，称做江尾海头。黄山比君山高，绵延数里，长江的咽喉，天然屏障，军事要塞，上设著名的黄山炮台。我们那个乡由此叫要塞乡。站在君山上，俯视长江，气象万千，只见长江从西奔腾而来，到江阴突然变狭，一下子束紧了腰，称做“鹅鼻咀”的一条山脚横插进江，对面靖江人影憧憧，清晰可见，一手伸过去，一手伸过来，似乎可以两手相握。这里造桥得天独厚。

七八年之后，再上君山，已是大桥合龙之时。好像是春节过后不久，春暖花开时，中午上了君山，山上已是布满了人群。只见大桥飞架南北，一条长龙横卧江上，两个桥墩巨人似的耸立南北，一条条手臂粗的钢索紧拉桥板，大桥已建成，大气磅礴，夺人心魄。远处一条大货轮徐徐驶来，早早就拉响了汽笛，听得出在向大桥问候致敬。突然，一阵欢呼声由桥面传来，山上也跟着欢呼起来，桥面接通了。可惜，我没有记牢那一天的日子。

我们那个村，连着江阴交通枢纽，不仅有公路，还有水路，向北七八里路就是长江，步行个把小时就可到黄田港，新建的韭菜港就在村北。知道有名的“远望号”测量船吗？它就停在江阴的港口。“远望号”是中国航天远洋测控船队的名称，中国目前拥有六艘远洋测控船，分别命名为远望一号至远望六号。我初中一位同学，他做过“远望号”基地的领导，有一次我回江阴，他特地陪我上了“远望号”，具体哪一号，记不清了。舰长陪我们参观，介绍了“远望号”的性能，具体怎么测量以及火炮配备。舰长说着比划着挺自豪的。三句不离本行，我对舰长说：你们若有任务，我作为记者，能不能随行采访？他说，非常欢迎。可惜，未能成行。“神五”“神六”上天之时，看到“远望号”出海的消息，我仿佛跟着他们出海了。

得发个消息：大江东去，大桥飞架，沿江沿海东西南北两条高速，都经过我们那个村。

村东村西两个镇

镇是农村商品经济的枢纽，经济、文化、教育兴衰的见证。同时，也记录和见证了乡村的其他种种。镇之于村，是中心；村之于镇，是通道。

临河而建，江南成镇的定规。江阴东乡，澄江镇至杨舍镇，许多镇都建在一条大河两岸。我们村在这条大河的南岸，村东村西各有一个镇，西边的镇叫蒲桥镇，俗名蒲鞋桥，村东叫金童镇，俗名叫金童桥，都叫桥，可能最早有桥无镇，桥先出名。蒲桥，可能与产蒲鞋有关。

蒲桥镇是个大镇，距我们那个村三四里路，可以目见。距江阴县府所在地澄江镇，亦是三四里。新中国成立初，江阴有四城门，出东门过城河，转个弯，沿河有石板路，向东延伸，一面住人家，一面临河。镇成丁字形，蒲桥是石拱桥，南北架河上。进镇成街，一里许店铺相对而立。东西南北四五里，辐射一二十个村。

金童镇，比蒲桥镇小，向东沿同一条河，相距四五里。再向东又四五里，又一个镇，叫山观镇。我舅家的村在山观镇后。山观镇与金童镇相似。金童镇一桥架南北，街面亦成丁字形。与蒲桥镇不同的，南北都有街，都有市面。街铺青石板，光滑锃亮，发着油光，街面很窄，平行四五人、两人伸开两手而已。

20世纪50年代的前期中期，有七八年，两镇都相当热闹。那时，还没有实行统购统销，物资称不得丰富，有商品流通，不少农民参与其间，从农资到日用品到菜蔬、食品，都有得卖。街上商铺林立，米店、布店、铁匠铺、竹器店、木器店、饭店、大饼油条店、理发店、药店都有，还有肉铺子。摊贩沿街而摆，卖菜蔬、鲜鱼、豆制品。外乡外地的小商小贩，来卖刀具的、农具的、针头线脑的、狗皮膏药的、小孩杂耍的都有，还有测字算命代写书信的。

每天有早市，天蒙蒙亮就开张了。开得最早的是茶馆店。两镇各有一家，好像一家临河朝北，一家临街朝南，每家有七八张红漆八仙桌，凳子都是长条凳，没靠椅。天天茶客盈门，都是老茶客，几无年轻人，五十岁以上的老农。天天如此，一壶茶，天南海北，说东道西，两个小时，回家出工。

冬天七点，夏天六点，是集市最热闹的时候，街狭人多，可称摩肩接踵。农民上街，不都是买小菜，有买菜蔬、鱼肉、豆制品的，有买日用品、农资、农具的，也有喜欢上镇什么也不买逛逛的。农家不常买鱼买肉，一月次把是有的，每家都要请人帮忙，种田、修房、打家具、做衣，还有亲戚往来，就要上街买菜。一镇连着几万人，天天有几十百把人家买鱼买肉，集于一市，也就相当可观。今日可称奇观，每年四五月，长江“三鲜”上市，刀鱼、鲥鱼满街都是，阳光之下，银光闪闪。看的人多，买的人少，落市之后，挑担沿村叫卖，价钱更便宜。河豚不沿街卖，熟食店有烧好了的卖，每年总有人死于口福。

我们的村子，位于两镇之间，传统上，去东边的镇比西边的镇多，新中国成立后又属金童乡，上东边的镇就更多。一般要办大的事，婚丧喜庆，添丁造房，买的东西多，就上西边的镇。我娘常叫我上街，大多是买油盐，少有买菜。有次过节，我娘要我上街买菜，买了肉买了豆制品，十块香干，一路上，我吃了一块再吃一块，剩了六块。我娘问，不是买十块？我一声不响。我娘知道进了我的肚子，说了句：你比祖宗还大，祖宗没吃你先吃。这个“故事”，说了好多年，常被村上人牵头皮。

镇上有许多好吃的。江阴有两种饼，一种叫马蹄酥，一种叫拖炉饼，前是糕点，类似苏州枣泥麻饼，状似马蹄；后是小食，糯米做的有馅的饼，油煎而成。这两种饼，镇上都有得卖。好吃，几乎不买，尝过而已。吃得多的，每次上镇，买一块大饼，至今很清晰，一块铜板一只，铜板上有条龙，有光绪通宝几个字。江阴的大饼，叫麻煎糕，菱形，厚实，亦香，有吃头，北方人讲皮实。油条亦粗大。那时，肚空如海，顿饭大米一斤，两只麻煎糕两根油条也饱了。马蹄酥、拖炉饼、麻煎糕，刀鱼、鲥鱼、河豚，加“江阴强盗”，就是过去的江阴，再加华西村、吴仁宝，就是今日的江阴。

夏初、秋末，镇上还有两次不同于早市的热闹景象，从50年代中期始，一直延续了很多年：卖余粮交公粮。镇上论买卖，供销社是老大，下来就是粮管所，管天下第一大事。一半的村通水路，一半的村通旱路，船运、车推、人肩，十天半个月，粮库前天天人山人海。木船不多，大多是一两吨的小水泥船，一条又一条，尤其是秋收后，河上的船更多。你挤，我进，橹声，柴油机声，喊声，骂声，塞满了河面。粮库在街后，得用笆斗装，把粮从船上肩进粮库，一队的劳力，几十人，一字长条，来回穿梭。

农村的镇是市，也是文化教育中心。两个镇都有小学，镇所在地，还称中心小学。1956年，县里在金童镇办中学，称金童初级中学。江阴东乡，方圆几十里，除杨舍中学外没有中学，这对江阴东乡的文化教育，是件大事。新中国成立初，农村子女，读完小学，就种田或学手艺，一村个把去考中学。镇上有了中学，方圆二三十里二三十个村，百名小学生入学了，大部女小孩也读中学，其中还有多名往届生，我就是其中一名，学生年龄大小之间有差七八岁。若说农民文化教育翻身，在江南，一在扫盲，二在农村办中学，真是千秋功业。

金童初中，首招两个班，一班约五十人。开始，就两进平房，四间，一个操场。教师不足十人。首任校长曹雪芳，那时不过二十来岁，虎虎有生气，学校管得井井有条。学校新办，成绩不错。首届两个班，大都考进中等学校，有六名学生考进江阴南菁高级中学。六名之中，一名参军，四名进大学，那时正值困难时期，五取四，这样的比例很高了。毕业生中，有师级军官，部队医院专家，有两个任市级报纸总编，出了一批工程师、高级教师，回乡务农的毕业生，改变了农村基层干部的文化结构，为发展江阴东部地区经济，提供了干部和人才。五六年后，金童乡撤掉，金童初中并入山观中学。校长曹雪芳随军进苏州，很有影响的苏州旅游职中亦是她创办的。

江南的镇作为市，新中国成立后，没有多少年，就失去了这个功能。20世纪六七十年代，二十多年，几乎无市。四个字：冷冷清清。统购统销，禁止农民经商，有点买卖，仅在供销社，有限的农资和日用品，凭票供应的粮油布而已。一个镇一个供销社，代表了方圆十里数万人的市。1958年前后，大兴水利，金童镇所倚所临的河拓宽，两面的店面、房子都拆掉，又未新建市面，作为市的镇几乎不复存在。

改革开放后，江南镇的发展，与镇政府所在地息息相关，金童、蒲桥都不是镇的中心，都没有很大发展。

村前有所小学堂

何谓农村教育，新中国成立前后的数十年，实际上就是小学教育。小学，村的一部分，农村启蒙、知识的基础。

一条界线很清晰，我的父辈，读的是私塾，我们那一辈，20世纪40年代出生，就读“洋学堂”。辛亥革命之后，一二十年，有一个过渡交替时期。

新中国成立前后，我们村上的男小孩都进“洋学堂”，女孩就少得多；新中国成立之后，女小孩开始读书，一个教室，三分之二到五分之三是男孩。男女小孩都上学，要在20世纪50年代中期之后。一个只有那时才有的景象，新中国成立之后，没上学的大小孩进学校，有的十四五岁、十五六岁。初中也有这样的景象。直至五六十年代，男女文化教育的差异，还相当明显。我们那个生产队，二三十户人家，上中专的女孩仅一人，而上大学的男孩就有两人。

我们村的前面，就有所小学，村民都叫“洋学堂”，一二百米，开门见校。中间隔着一块水稻田。小学前面有条河，河南又是一个大村庄，绵延两三里。学生来自周围一二十个村庄。今日，从长江大桥南端引桥上，向东可以见到一所四合院，那就是给我“人之初”的地方。

小学叫江阴贯庄中心小学（贯庄是学校南面的那个村），建于何年，不清。大约在1940年。礼堂上有块黑底金字大匾，我国近现代著名教育家吴研因所写。吴研因就是贯庄人，曾与刘半农等编辑《江阴杂志》《江阴报》。所编《新学制小学国语教科书》《小学历史自习书》，风行全国。1928年，就任教育部国民教育司第一科科长，反对在小学读经，为推行白话文教材据理力争。抗战胜利后，任教育部国民教育司司长。新中国成立后，应周恩来邀请，任教育部初等教育司司长、科教书编审委员会副主任、小学教育司司长。1959年后任中国民主促进会中央常委、全国政协常委。我读书的那时，校长、教导主任都姓吴，与吴研因是一家，教育世家。

我们那所小学，可称气派。房子高耸，三面环田，一面临河，前后两排，后排四个课堂，前排两个教室，中间是老师办公室，西面是校长办公室和生活区，还有一间是医务室。教室前面，中间是砖垒的路，两面是学生课间活动的场所，砖路两面有树，再南面是大操场，操场上设篮球架。学校四周都种树，杨柳依依，两排教室之间种的是柏树，四季常青，树梢已过屋面。

那是一幅真正的耕读图，江南农村的别样景致。早晨，小学生一个个背着书包，走在田间小路上，两面，冬天是麦田，麦苗青青，秋天是稻田，稻穗摇摆。村民则肩扛手提，拿着农具下田，除草，割麦，犁田，插秧。教室里不时飘出琅琅书声。村民歇息时，常坐在操场柳树下，有的从窗外向教室里张望。

除星期天外，每天都要升国旗，上早操。一个班一长条，高的在前面，矮的在后面，开始做学校自己编的操，后来有统一的广播操。隔三差五，校长、教导主任要训话，话不长，几分钟。校长斯文，讲话也慢，很少批评。他儿子在我们那个班，有次同学间用小石块开仗，把他儿子的头打破了，鲜血直流，大家担心要受处分。校长只是教育了一下，以后不准用石块开仗，就算了。教导主任，头发光亮，衣服笔挺，讲话常打手势，兼上高年级算术课。学校纪律严格，一种处罚，早操后的一个内容，违规学生被叫出来，面对全校学生，低头检讨。骂人，说粗话，嘴上用红笔画圈。我和一个同学旷课出去捉鸟，班主任没上报，没挨罚，要上报，肯定被罚站。

小学六年，主要开两门课，语文和算术，算术加学珠算，还有体育、美术、音乐，有没有地理、历史、自然，不太清了。老师只记得两位女老师，一位姓沙，一位姓孟，沙老师教语文，孟老师教算术、音乐。两位老师都和蔼，很少严词厉声。那时老师可用戒尺，打学生手心，她们从没打过，只用戒尺敲过课桌。语文很有趣，两只羊一座桥争过河，狼借口羊弄脏了水要吃羊，狐狸骗吃乌鸦嘴里的肉，司马光砸缸救小孩，都是美丽的故事。课上，同学常按内容扮不同角色，进行对话。算术就是加减乘除、小数、分数，最难的鸡兔同笼、车子逆向相向而行，没有现在小学学得多学得深。珠算学得很认真，老师常说，将来吃饭要靠珠算。同学间常比赛，谁打得准打得快，不少同学手指在算盘上飞。

我喜欢语文，学得有劲，尤喜作文。小学高年级时，已读家中阁楼里翻出的《三国》、《水浒》和《七侠五义》之类的剑侠小说，作文受小说影响，词语多起来，会铺叙，懂描写音容，大都写农村熟悉的生活，有生活气息，常得老师表扬。小学时就喜欢作文，影响了我一生。离不开小学老师的鼓励和指点。

小学读书，没有感到吃力，也没有多少压力。几乎没有作业，放学回家，书包一扔，拿镰刀背筐或提篮，就到田岸上河岗上去割草，最开心的，吃块隔水蒸热的年糕，能吃点东西，肚子不呱呱叫。晚上，很少做作业，最多是背课文，煤油灯下看发黄的有光纸印的小说书。小学里，眼就近视了。老师不家访，家长也不过问，问也没用，大多家长不识字，算术更不行。就是看看成绩单。60分，及格就行，80分以上，就是优秀。从小学到中学，我年年得奖状，客堂里贴满了。每学期，我都要复制一张成绩报告单寄上海，向在上海做工的哥哥报告。

读书最怕的是交学费，老师一次一次催着你交。就是两三块钱，就是交不起。老师问你什么时候交，说不出什么时候交，只好低头一声不吭。我说过一个情景，有一位女老师，是村上人，一个族的，低年级时做过我的班主任，我娘求她用织的布抵交学费，还记得是格子布，她答应了，我的学费由她去交，布她拿，我娘千恩万谢。就在村子通往学校的路上。

现在小孩买文具买书包，不当回事，经常买经常换。那时，一学期，多数学生，就买一两次，两三支铅笔，簿子从不加买。铅笔不够用，想办法，做值日生，拾掉下的铅笔芯，装在竹枝上用，像圆珠笔。学校奖读书好的学生，奖品就是铅笔簿子。六年小学用过一只书包，我娘做的，高年级不用了，用一块布包起来，用绳子扎紧，拎在手里或挟在腋下。

读书乐，最乐是远足。一学期一次，学生的盛典。高低年级分开，低年级到江阴城里，高年级上山。江阴南北两面环山，黄山临江于北，岐山花山屏障于南，成合围之势。一般远足上黄山，有次六年级单独上了黄山，又上花山岐山。校长说，同学们，你们快要毕业了，就要离校了，这次远足走得远一点，希望你们今后的人生走得远一点，更远一点。那真是一生难忘的远足。学校至长江边十里，上黄山至江阴城十里，至花山八里，过花山岐山十里，回学校八里，有一半的路在爬山。一早出发，傍晚才回家。虽都是农家小孩，不怕走路，回家已是东倒西歪。

学校没有大礼堂，设计时，就有了考虑。后排教室，中间两室之间，没用砖砌，用木板相隔，拿掉木板，就成礼堂。一学期用两三次，开学典礼和毕业典礼都用礼堂。

学校与村民之间，有联系，新中国成立初很密切。土改工作队常借学校课堂开会，扫盲就在学校进行。五六十年代，时兴农民篮球赛，学校前后两个村的农民，常去打球，进行比赛。我喜欢打篮球，农民篮球队的积极分子，场地就是小学那片操场。

百年间，小学恩泽乡里，智慧千万农民，由此走出去，而成为革命家、领导干部、教授、专家、学者、工程技术人员，可谓不计其数。

一个村与一个县的城

县至村，有三级，县乡村，若至生产队，有四级。这叫行政关系。我们那个村，与江阴县城不远，七八里，有着多种密切的联系，是县城最近的外延。

县政府与农民的直接联系，很少，县长到村里来，几十年也难碰一次。我印象最深的，家里有县长的名字，印在土地证上。手写的，还有大红印，至今仍清楚，县长叫王强。土地证，农民的命根子，藏在一只匣子里。

县里有个会，叫三级干部会，就是县乡村三级干部在一起开会，20世纪50年代没听说，可能要在60年代之后。有没有开过四级干部会，生产队长也被请到县里开会，叫一杆子到底，有的，不会多，大多是三级干部会。这样的会一般在冬春开，总结、表彰、部署一年的工作。“大跃进”时打擂台，生产队长都去，热闹了好几天。村与县的联系，政治上、管理上的，三级干部会是一个最直接的联系。村与县城，联系更多的，水乳交融的，还在民间，在经济，在文化。

江阴县府所在地，叫澄江镇。现在镇扩大了，我们那个村所在的要塞镇、东边的山观镇和西面的西郊镇，都并了进去。原来的澄江镇成了一个街道办事处。不过，在村民眼里，在我眼里，今日的澄江镇还是原来的澄江镇，还是县城，还是一个有着江南独特文化的城市。

江阴县城，枕山负水，临江扼海，地势险要，素称军事重镇，水陆交通枢纽。长江奔流而下，黄山突兀南岸，一方水土养成了江阴人豪爽、豁达、顽强的性格。抗清81天，宁死不屈。江阴又崇文，出了大旅游家徐霞客、“刘氏三杰”、高僧巨赞、化学大家赵承嘏、“中国机器人之父”蒋新松等一批名家。江阴又紧连无锡、常州、上海，素有外出、开放的风气。崇文、尚武、开放，影响了江阴的乡村。改革开放后，江阴经济名列全国县市榜首，出了吴仁宝、华西村，与江阴长期形成的人文因素密切相关。

就七八里路，一个小时，村上人进城相当勤的。一个月总要上城一两次。没有事，也喜欢上城走走。菜在附近的镇上买，衣服、家具和热水瓶等生活日用品，到江阴城里买。近二三十年，婚丧喜庆，用菜多，大都进城置办。春节里，年轻人总有一两天上城看热闹。年初一，吃罢圆子，小年轻，男的一帮，女的一帮，就上城了，大多在街上看杂耍，看沿街的文娱表演，临时搭的戏台，有正规剧团的“短篇”，有民间歌舞表演，少不了逛百货公司，买点东西。中午不吃什么东西，下午两三点回家。

一个村与一个县城，最紧密的还是经济联系。农耕之外，我们那个村最主要的经济，就是纺纱织布。新中国成立前后，几乎家家织布，每家客厅都有一台手拉织布机。开始用自纺的纱，织江阴小布，后用“洋纱”，纱厂纺的纱。女的织布，男的买纱卖布，浆纱染布也大都男的所为。田少，种粮在吃，现金收入，一家开销，在织布。用的原料，织出的布，都要进城买卖，由城里供销社负责。新中国成立之后，这个城乡、城村之间的联系有近六七年。

还有一种联系，叫庙会。北方叫赶集。庙会与赶集不同，赶集或逢双逢单或周二周四，次数比较多，庙会一年一次，日子不变，以农副户品和手工艺品交换为主，还有民间文艺演出和展示地方习俗。江阴每年集镇庙会不下一二十个，我们村上去得最多的还是江阴城里的两次庙会，一次在城南，农历二月初八，一次在北门，君山庙会，日子在农历三月二十七、二十八，还有到南面的峭岐、山观，那里三月也有庙会。

庙会上热闹非凡，农民们趁此一年一度节场，买回自己所需农具和日用品。江阴君山节场，盛行拜香会。各乡善男信女，结队成群，手捧香凳，顶礼膜拜，称为“文香”；还有“吊肉香”者，用多枚钢针勾在臂膀上，下挂铜锣、香炉，最重达50余公斤，称为“武香”。全城路之为塞，是日物资交流兴旺，店家莫不利市数倍。近几年，江阴中断了数十年的庙会，不少又恢复了，但已不是旧模样，有买卖，更多的是休闲和娱乐，文化味更浓。

也得益于近，村民与县城在文化上，可称相濡以沫。江南地方戏锡剧，江阴人特别喜爱，一曲《双推磨》，男女老少都会唱几段。每逢省锡剧团来澄演出，有名角登场，常常是观者如云，一票难求。我们村上农民锡剧团的几个台柱子，白天种田，天天晚上看戏，半夜回家。那时票价，以物价相比，亦可称高价，一天工分值才几毛，十天半月的工分才能看一场戏。可见着迷之深。很多年，江阴城里就一家电影院，叫红星电影院。年轻人上城，尤其是冬天，两件事，洗澡看电影。一有新电影出来，就结伴搭伙去看。小年轻口袋里就几分几角钱，大多给了电影院。田头休息，电影情节常是个话题，能说者以此为乐为荣。五六十年代，农村找对象也时兴看电影了，女方肯去看电影，七不离八。

1958年前后，江阴城市改造出了个大手笔，县城东西主干道拓宽。原来，镇上街道也是小街小巷，主干道宽十米左右，台石路面。两面房子拆除，路面一下子拓宽至三十米外。街道两面，楼房耸立，全是店铺。城乡为之一震，农民眼界为之一开。据说，出此大手笔的是时任县委书记、后任苏州市委书记的戴心思。还据说，手笔过大，向省里作了检讨。但历史证明，主干道的拓宽适应了城市和经济的发展，比许多县城早了二三十年，敢为人先，发扬了孕育了江阴人的大气，造就了江阴的奋发和不凡。

一个村与一个县城深层的联系，还在教育，在中等教育。江阴的中等教育，在20世纪五六十年代，几乎集中在县城，尤其高中和中师等职业教育。我们村上（行政村），上过高中和中等职业教育的，有百人左右，全都在县城，一二十人受高等教育，亦是从县城出去的。50年代，县城里就有江阴南菁中学、江阴县中、江阴徽存中学，还有几所初中和师范学校。

南菁中学，在江阴堪称最高学府，影响很大，孩子能进南菁读书，家长、村里都是一种荣耀。南菁中学创建于1882年，前身是光绪八年创办的“南菁书院”，书院命名取朱熹名言“南方之学，得其菁华”。百余年间，英才辈出，有七名中科院工程院院士、中国七位现役将军，有现任中国书法家协会主席沈鹏、著名音乐指挥家曹鹏、著名社会学家吴文藻、著名作家汪曾祺……江阴城乡大量基层干部、专业人员出自南菁。苏北靖江、泰兴，苏南无锡等县曾有大批学生就读于南菁。

我于1959年进南菁读书，正值困难时期，有近三分之二的同学，没有考取大学，那时有三分之一的升学率，在全国已是名列前茅。我考取大学，虽没进全国重点，懊恼了好一阵，实是已属万幸。考上大学，得益于作文。作文又得益于学生工作。我在初中时，瞎给报纸写稿，也偶有刊用。初中毕业后的暑假里，给《新华日报》写稿，我告诉编辑已考取南菁中学，编辑来信要我以最快的速度，把南菁中学新生报到的情况告诉他。隔天，我的名字上了《新华日报》。学校领导问了情况，引起教导主任、语文老师的注意。一年级，我参加江阴中学作文比赛，得了一等奖，名列第一。老师要我在学生会中搞宣传，做校刊《南声报》的主编。《南声报》一周一期，约稿编辑，都由学生负责。有一位指导老师，是我的语文老师，也是班主任。每期有一篇社论，都由我执笔。两年写下来，学生中可称言论高手了。

考初中考大学，两篇作文，都帮了大忙。

1959年考高中，作文题叫《我在成长中》，我思索了一下就下笔。开头说，有一天我碰到一位小学老师，老师摸着我的头说：两年不见，你长高了。我对老师说：老师，我身体长高了，我知识增多了，道理懂得更多了，我在成长中。接着，分三段，说成长的三个方面，有一个方面说，小学毕业后种了两年田，懂得了农民种田的艰辛。我那篇作文，肯定得了高分。初中是新办的农村初中，能考上省重点南菁中学，作文沾了光。

1962年考大学，作文题《雨后》和《说不怕鬼》，选一。我先写雨后，觉得不好，重写议论文，一挥而就。开头一段，第一句就是：世上有没有鬼？没有鬼。有鬼，是迷信。另一种鬼是有的，就是帝修反，就是灾害，就是困难。接着，分三段说鬼不可怕、鬼怕人打、打鬼靠本身硬，最后结束语，豪言壮语，我们打碎了一个旧世界，难道还怕困难吗，还怕几个鬼吗，新世界一定能建立起来。那时，我已蛮会说大话说时话了。那个考场，我第一个交卷，离停考还提前一刻钟。监考老师对我笑着点了点头。

大学放暑假，每周我都上城，大半天在县图书馆，看报纸看杂志。就在大街上县政府的东隔壁。

十户人家半个世界

铁打的营盘，流水的兵。静止的村庄，流动着的人。

尽管几十年农村户口冻结，农村的人口还是流动着。从乡镇到城市，从国内到国外，合法的不合法的，介于二者之间的。离农之势不可遏制。

就以我熟悉的、大体了解的，一个族近亲的和非同姓却近邻的十户人家为例，六十年间，半个多世纪，十户人家流向了半个世界。

1949年时，十户人家，三代人，平均每户五至六人。我的祖父母一辈仅一人，称三阿婆；父母辈有近一半有母无父，可见新中国成立前男人寿命不长，生活艰辛；兄弟辈每户都在两个以上，多男少女，有二三十人。六十年后，我兄弟辈多数健在，第二代每户有子女二人，有四五十人，第三代每户有子女一至二人，在六七十人。六十年人口翻了一番半。

我的父母辈，至我的孙辈，四代人，六十年后，一代的存一二人，四代的大多读书，分化的是二代三代。离村离农的，情况不一，有着时代烙印。有自己出去的，合法"非法"的都有，有读书、参军出去的，有支边支内出去的，有考托福、技术移民出去的，有经商、打工出去的。十户人家几乎家家有人外出，真正的农村户口半数不到，且大多是老年人。

离开农村的，一小半在江阴城里，整个村子也是这样。有这样几种情况：新中国成立前就在江阴城里开厂，子女新中国成立后进城；新中国成立初进城找事做，进工厂、进机关；读书毕业，进企事业单位工作；参军转业复员，分配进机关企业工作；先出去后又调回江阴，进厂做技术人员；改革开放后，亦工亦农在城里搞建筑开公司做买卖。

在国内的，占了半个中国，从上海、苏州、无锡、常州、南京，到河南郑州、新疆石河子，到浙江宁波，到东北齐齐哈尔，到北京，还有一些城市，不甚清楚，尤其新中国成立后的第三代大都不知去向。

在国外境外的，第二代有去香港的，第三第四代有去美国、加拿大的。还有出国读书的。

十户人家，四户人家以甲乙丙丁具体说之。

甲家：新中国成立时，全家已在江阴城里，夫妻加两子两女，开布厂。全村最富人家。土改时，妻带子女回村里。男主仍在江阴城里，继续开厂，至公私合营，退休后回农村，60年代去世。女主回农村，不参加农业生产，抚养孙辈，高寿，至2006年去世。大儿子，初中毕业，新中国成立初参加工作，在粮食部门，至退休。二儿子中学毕业，考入南京药学院，是我们村上新中国成立后第一个大学生。毕业后在厦门大学任教，后调入南京医科大学，为教授。大女，50年代初去世。二女，小学毕业，未上中学，后嫁人进城，在企业工作。孙辈，有一孙在江阴城里工作，有一外孙北京外贸学院毕业，先在上海外贸部门工作，后调回江阴进了银行。自女主去世后，全家村上已无人。

乙家：新中国成立时，男主已去世，女主与二子一女，有地近十亩，中农，殷实人家。新中国成立前，二子已去上海谋职，一在工厂，一在公司。一女，初中毕业后，考入卫生专科学校，是我们村新中国成立后最早受过中等教育的女孩。毕业后，入江阴人民医院做医生，后任江阴中医院妇产科主任，妇科专家。丈夫，南京航空学院毕业，先在校任教，后调入江阴船厂，高级工程师。外孙女与丈夫，多年前已入美国。有一孙从上海回江阴工作。自女主去世后，全家村上已无人。

丙家：新中国成立时，一母二子，男主已去世，有田两三亩，贫农。女主，靖江人，不下田，操持家务，60年代去世。大儿子务农，有病，常面黄乏力，60年代去世。二儿子，小学毕业后务农，至70年代进乡镇企业，搞建筑，自学成才，做部门经理，收入颇丰。村上有楼房，江阴城里也有房产。儿媳，一直务农。二孙女均在无锡工作，一女后进高速公路管理部门。孙辈已全离农村。二儿子夫妇户口在农村。

丁家：新中国成立时，一母四子，土改时有田三亩，贫农。母，不下田，织布，家务，90年代去世。大子，新中国成立初去上海学艺，后调入二机部三线工作，搞核工业，至2005年去世，有一女在江阴城工作。二子，大学毕业后在苏州工作，有二女，一女同孙女入加拿大。三子，小学毕业后务农，后参军，转业在江阴城里工作，有一女中学毕业后在江阴城里工作。四子，已去世。在村上，留一孙，在江阴城里一家服装厂做工。

这四户人家，1949年至2008年，有人口四五十人，出生在农村的也有二十余人，还以户口留在村上的仅三人。

六十年一个结论，苏南、江南农村城市化的趋势，既有外在城市众多具有强烈向农村扩张和吸取农村人力资源的客观条件，更有农村人多地少涌向城市寻求生机和发展的内在动力，城镇邻近的村，率先进城，是不可阻挡的。

图书在版编目（CIP）数据

水车上的江南 / 徐颖著. — 苏州：古吴轩出版社，2010.12
ISBN 978-7-80733-322-7

Ⅰ. ①水… Ⅱ. ①徐… Ⅲ. ①随笔—作品集—中国—当代 Ⅳ. ①I267.1

中国版本图书馆CIP数据核字（2010）第214331号

责任编辑：陆月星
装帧设计：陆月星
责任照排：王盼印
责任校对：张　蕾

书　　名：水车上的江南
著　　者：徐　颖
出版发行：古吴轩出版社
地址：苏州市十梓街458号　　邮编：215006
Http://www.guwuxuancbs.com　　E-mail:gwxcbs@126.com
电话：0512-65233679　　传真：0512-65220750
印　　刷：苏州日报印刷中心
开　　本：880×1230　1/32
印　　张：5.25
版　　次：2011年1月第1版　第1次印刷
书　　号：ISBN 978-7-80733-322-7
定　　价：18.00元

如有印装质量问题，请与印刷厂联系。0512-65640827